CEO 자질 테스트-나의 CEO점수는 얼마?

그렇다고 생각되는 곳에 체크해 보세요!

1. 직장생활을 시작한 후 2년 내에 두 차례 이상 직장을 바꾼 적이 없다. □
2. 회사에서 맡은 업무가 있을 때 마감 시간 전에 여유롭게 일을 완수한다. □
3. 동료들과 밥을 먹을 때 주로 밥값을 낸다. □
4. 남에게 비난을 듣더라도 소신껏 행한 것이면 신경 쓰지 않는다. □
5. 일, 운동, 취미 등의 활동을 시작하면 반드시 끝장을 본다. □
6. 생활에서 오는 스트레스를 잘 다스린다. □
7. 동료나 친구에게 배신을 당했다 하더라도 여유롭게 용서하고 분발의 계기로 삼는다. □
8. 체격이나 용모 등 이미지 관리에 신경을 쓰는 편이다. □
9. 자기계발을 위해 회사교육 이외에 별도의 교육기관에 등록, 공부하고 있다. □
10. 정기적으로 자신과 이야기를 나누는 내면의 시간을 갖고 있다. □
11. 좌우명, 목표 등을 적어본 적이 있다. □
12. 자신이 하는 일의 고객, 경쟁자가 누구라고 정확히 말할 수 있다. □
13. 아침에 일찍 출근하는 편이다. □
14. 회사의 비전과 개인의 비전이 정확히 일치된다고 생각한다. □
15. 일상생활에서도 업무와 관련된 아이디어가 자주 떠오른다. □
16. 명함에 자신의 회사명, 직급 말고도 경쟁력을 부각시킬 브랜드명을 가지고 있다. □
17. 상사가 즐겨 보는 드라마나 잡지, 신문 등 관련정보를 잘 파악하고 있다. □
18. 부하직원과 회식을 의도적으로 자주 하고 있다. □
19. 이메일에 대해선 신속하게 답변해준다. □
20. 나는 내 업종이나, 연배 말고도 다양한 친구들과의 모임을 갖고 있다. □
21. 나는 좋은 동료, 선배가 있으면 주위 사람들에게 소개시켜준다. □
22. 자신과의 약속을 그 누구와의 약속보다 무섭게 생각한다. □
23. 자신이 하는 일이 사회적으로도 가치가 있는 일이라고 생각한다. □
24. 새로운 것을 겁내지 않고 즐기는 편이다. □
25. 장애물이 있다면 도전의식이 생긴다. □

26. 열정적이라는 말을 주변에서 자주 듣는다. □

27. 세상의 불공평에 대해 탄식하기보다 극복하려 한다. □

28. 일상적인 일에서도 자주 감동과 충격을 받는다. □

29. 잘 나가는 때일수록 위기상황에 대비한다. □

30. '나는 된다' 는 말을 입에 달고 산다. □

31. 자투리 시간을 잘 활용하고 있다. □

32. 직원임에도 사장처럼 일한다는 말을 종종 듣곤 한다. □

33. 나의 제안을 상대방이 거절할 것에 대해 두려워하지 않는 편이다. □

34. 아이디어가 떠오르면 기어코 실행하고 만다. □

35. 메모장과 필기구를 가장 먼저 챙긴다. □

36. 일주일에 3일 이상은 점심 약속이 있다. □

37. 말하기보다 질문하기를 좋아한다. □

38. 거절하더라도 상대방의 마음이 상하지 않도록 배려하는 편이다. □

39. 어떤 사업아이템을 보더라도 수익구조를 따지는 버릇이 있다. □

40. 일주일에 책을 한 권 이상 읽는다. □

| CEO 자질 테스트 결과 |

24개 이하	경영자로서의 소질보다는 자기만의 일에 몰두하는 편입니다. 그러나 혼자 하는 일이 많더라도 CEO 마인드는 필요합니다. 경영마인드에 눈뜨도록 노력하세요.
25개 - 29개	CEO로의 가능성이 열려 있는 단계. 한층 분발하고 노력하면 CEO의 길은 열려 있습니다.
30개~34개	CEO의 자질이 충분합니다. 조금만 노력하면 훌륭한 CEO로 성장할 수 있습니다.
35개 이상	당신은 이미 CEO. 지금의 태도만 지켜나가면 반드시 CEO의 자리에 오릅니다.

CEO의 습관

CEO의 습관

●김성회 지음

페이퍼로드
paperroad

도대체 CEO와 내가 다른 이유는 무엇인가?

행동의 씨앗을 뿌리면 습관의 열매가 열리고,
습관의 씨앗을 뿌리면 성격의 열매가 열리고,
성격의 씨앗을 뿌리면 운명의 열매가 열린다
—나폴레옹

얼마 전 동창회 자리에서였다. 상사와 부하 사이에 낀 샌드위치 세대의 슬픔 어쩌고 하며 하소연하던 한 친구가 "야, 굳이 CEO할 필요 있냐. 그냥 가늘고 길게 사는 게 더 좋더라" 하고 말을 꺼냈다. 이 말에 "야, 가늘고 길게 살려고 하는 것도 화려한 욕망이 되니까 문제 아니냐. 가늘고 짧게 살아야 되는 게 직장인들의 숙명이니 슬픈 것이지" 하자, 갑자기 분위기가 숙연해졌다.

솔직히 가슴을 열어놓고 이야기해보자. 자, 당신, 사회생활을 시작하던 신입사원 시절부터 '안 잘리면 다행' 이라며 그저 자리보전에 급급한 사람이었는가, 애초부터 청운의 꿈 운운하면 냉소를 짓던 황혼적 인간이었는가. 많은 사람들의 꿈은 세월이 갈수록 삼각주 모양으로 좁아진다. 그런가 하면 앞서 가는 소수의 사람은 오히려 꿈이 확장된다. 과연 그 차이는 무엇인가. 나는 그것이 미치도록 궁금했다.

하나 더 예를 들어보고 내 이야기를 계속하자. 호칭은 그 시대에서 되고 싶어하는 모델을 대변하는 욕망의 풍속도이다. 봉건주의 시대엔 양반, 1950~70년대엔 영감-선생, 그리고 현대는 바야흐로 사장의 시대이다.

길거리에서 모르는 남자 행인을 부를 때, 술집에서 마담이 손님을 지칭할 때 어떻게 부르는가. "○사장님" 하고 부르면 길 가는 사람 10명 중 9명이 돌아보는 게 현실이다.

왜 어떤 사람은 30대 초중반에 벌써 이직을 걱정해야 하는데, 어떤 사람은 60세가 넘어서도 회사에서 바짓가랑이를 붙잡고 늘어지며 CEO로서 지휘봉을 맡기고 싶어하는가. 그것은 단지 타고난 재능이 달라서라고 간단히 치부하고 넘어갈 문제인가. 나는 그것을 알고 싶었다.

나는 기자란 직업 때문에 '진짜' 사장들을 많이 만났다. 지난 3년간 공적으로, 사적으로 만나 인터뷰한 CEO가 200여 명. 그래서 내 별명은

'치글' 이다. 대부분의 사람들이 치킨(일반인)이면 치킨으로, 이글(CEO)이면 이글로 유유상종한다. 그래서 자신들의 세계를 당연시하는 데 비해 나는 이 세계, 저 세계를 오가며 비교할 기회가 상대적으로 많아 이 책을 쓸 수 있었다.

결론부터 이야기하면 CEO들은 분명 일반인들과 나른 DNA가 존재하고 있었다. 그것은 타고난 그릇의 크기, 자질이라기보다는 바로 습관의 차이였다. 사소하지만 좋은 습관이 오늘날의 그들을 만들었다.

주위 사람들은 가끔 묻는다.

"네가 기자 하면서 CEO들을 많이 만나 속속들이 인터뷰한다며? 과연 그들은 무엇이 다르니?"

"글쎄, 내가 본 바로는 그들의 성공 키워드는 준비, 열정, 고객 마인드, 이 세 가지야."

이렇게 대답하면 "애걔걔" 하며 들으나마나한 대답이란 듯 실망한 표정이 역력하다.

"너무 쉬운 것 아니냐. 그들을 벤치마킹, 열심히 해 누구나 성공할 수 있다면 세상 천지가 모두 CEO게! 그런데도 누구는 되고 누구는 안 되는 이유는 뭐라고 생각하는데?"

마치 수능 시험에서 수석한 수험생에게 비결을 물으면 으레 듣게 되는 "교과서 열심히 공부하고 잠 푹 잤어요" 하는 모범 답안과 다를 게 뭐냐는 듯 비아냥거리는 투다. 그럴 때 내가 하는 말은 간단하다.

"그래, 바로 그게 다른 점이더라. 그들은 교과서적 이야기를 들으면, 바로 이거야 하고 달려드는데, 그렇지 않은 사람은 자꾸 지름길로 가려는 비결만 찾느라 실행을 미루거든."

또 당신은 이렇게 반기를 들고 싶을지도 모른다. 열심히 해봤는데 안 된다고. 남 못지않은 열정을 기울여봤지만 안 되더라고.

나 역시 우리 사회의 성공한 CEO들을 만나며 궁금했었다.

열심히 뛰지 않은 것은 차치하고라도, 같이 노력했는데도 차이가 나는 이유는 무엇일까?

CEO들은 정말 나면서부터 보통 사람과 다른 유전자를 타고난 것일까?

그렇지 않다면 그들이 성공을 이룬 태도와 습관은 무엇일까?

그래서 이 문제를 집중 탐구하기로 결심했고, 이 책은 바로 그 결과물이다. 그들은 과연 직장에서는 어떻게 일했으며, 상사와 부하직원들을 어떻게 다루었는지, 직장인으로서 스스로를 어떻게 진화시켰는지를 나름대로 꼼꼼하게 관찰한 습관 백서이다.

사족으로 덧붙이자면 습관이란 어제 일을 반복해서, 비 오는데도 꽃에 물을 주는 관성적 행위를 의미하는 것은 아니다. 자기 관리, 업무 관리, 인맥 관리 등 각 방면에서 이제를 개혁함으로써 부단히 진화하는 반성과 개혁의 의미를 포함한다.

혹시 독자들 중 일부는 CEO와 성공이라는 단어의 결부에 딴죽을 걸고 싶어하는 이가 있을지도 모르겠다. 돈과 권력이라는 외부 기준에 의한 성공에는 닭살이 돋는다면서? 당신 말도 옳다.

하지만 진정으로 내가 여기서 습관을 통해 강조하고 싶은 것은 성공이라기보다는 성취의 법칙이다. 자신만의 목표를 향해 이뤄나가는 모습을 CEO란 구체적 인물을 통해 투영시켰다는 이야기다. 나는 CEO가 되는지, 안 되는지는 나중의 문제라고 생각한다. 하지만 인생에서 CEO가 되고 싶은 마음을 간직하고 사는 것과 그렇지 않은 것의 차이는 클 것이라고 생각한다.

이 책에 등장하는 인물 대부분은 필자가 직접 인터뷰를 했고 일부는 신문, 잡지에 보도된 인터뷰 기사를 참고했다. 공식 인터뷰 외에 사적으로 나눈 이야기는 인물의 이름을 이니셜로 표기했다.

언급된 이들 가운데에는 대기업 CEO와 임원도 있고, 중소기업 CEO와 임원도 있으며 1차산업부터 3차산업, 벤처 CEO에 이르기까지 고루 포함되어 있다. 다만 부모로부터 가업으로 물려받기보다는 스스로 일군 자수성가 CEO를 대상으로 한다는 원칙을 세웠다.

시중에 CEO와 관련한 성공학 책은 차고 넘친다. 그럼에도 불구하고 개인의 자서전류는 위인전식의 이야기로 '가까이 하기엔 너무 먼 당신'이 되어 오히려 보통 사람을 좌절시키는 경우가 많았다. 그런가 하면 당장 지금 어떻게 시작해야 하나란 구체적 실행 전략없이 뜬구름 잡기 식의 논의도 적지 않았다.

특히 성공을 꿈꾸는 보통 사람을 힘들게 하는 것은 성공의 방법론이 층위의 구별 없이 제시돼 헷갈리게 만드는 것이었다. 보통 사람인 필자 역시 같은 고통(?)을 겪었다.

결론적으로 이야기하자면 전쟁에 전술과 전략이 있듯이 성공도 마찬가지다. 성공에 정답은 없지만 분명 정석은 존재한다. 에베레스트 산을 오르는 방법은 A, B, C, 여러 코스가 있을 수 있다. 동네 뒷산 오르는 데 적합한 복장과 에베레스트 산 등정에 임할 때의 옷차림, 산등성이와 정상에 오를 때의 등산법은 당연히 다를 수밖에 없다.

그러나 이것들이 층위 구분 없이 섞이다보니 혼란스러웠다는 게 내 문제 제기다. 성공에 있어서 반드시 지켜야 할 원칙은 있지만, 그것을 성취해나가는 습관은 자신이 선택할 수 있다.

이 책은 조직에서 행복한 직장인으로 승리하기 위한 구체적 전략을 익힘으로써, 자신의 삶을 업그레이드하고자 하는 직장인들을 겨냥하여 쓰여졌다.

성공한 CEO를 벤치마킹하되, 구체적으로 자신만의 실용적 성공 방법을 개발하고자 하는 이에게 자신감을 주고 도움이 되었으면 한다. 또 열정을 기울이되, 효율성을 높이는 전략에 대해 고민하는 이들에게 조언을 주고자 한다.

그런 점에서 이 책은 하나의 정답을 제시하기보다는 실전 사례를 통해 다양한 경우의 수를 제시해준다는 장점을 가진다. 이 책을 통해 자신의 상황에 맞는 성공 정답을 작성하고, 자신감을 가질 수 있을 것이다.

이 같은 CEO의 습관 로드맵을 통해 성공의 보물섬을 찾아가는 지도를 만들길 기대한다. 자, 핑계의 무덤에서 벗어나 삶의 CEO란 고지를 향해 뛰어나가라. 그리고 자부심 가득한 당신 삶의 CEO가 돼라.

2006년 6월

김성희

CONTENTS

Chapter 1

CEO의 아주 특별한 12가지 습관

진정한 성공은 계산기를 두드리는 데 있지 않다. 내 잔이 넘치도록 역량을 키우고 남과 나눌 때 그 이상으로 돌아온다. 정보고 지식이고 아까워하지 말고 주위와 나누는 것이 CEO들의 공통점이었다. 요컨대 타인에 대한 배려와 공유 마인드는 쓰면 고갈되는 광맥이 아니라 베풀수록 풍부해지는 수맥이다. 단, 명심할 것은 다른 수맥을 찾아나서는 노력을 하든, 깊이 수맥을 파든 끊임없이 자신의 역량 강화를 위해 노력을 기울였다는 점이다.

1 최고의 성공 비결은 '배포 = 지구력'

내가 너희들에게 내 성공의 비밀을 털어놓겠다.
나의 모든 힘은 끈기 이외에는 아무것도 없다.

-- 루이 파스퇴르 프랑스의 화학자, 박테리아 연구가

미래는 점치는 게 아니라 만드는 것이란 말이 있다. 미래를 예측하는 혜안보다 중요한 것은 자신의 미래를 만들어가는 추진력과 지구력이다. 동창회에 가보면 학교 시절 반짝반짝 앞서 나갔던 친구들이 의외로 평범하게 변했고, 그다지 눈에 띄지 않았던 친구들이 한자리하고 있는 것을 본다. 이것은 단지 행복은 성적순이 아니라는 의미만은 아니다.

미래는 점치는 게 아니라 만드는 것

대학교수로 있는 친구에게 내 생각을 이야기하니 "학교에서 보더라도, 영리한 제자들은 자꾸 옆길을 힐끔거리느라 학문에 깊이 매진하지 못하는 반면, 곰 같은 학생들은 한 우물을 파며 결국 성과를 내더라"고 적극

맞장구를 쳐주었다.

"주식 투자는 포트폴리오 전략이라 해서 한 바구니에 계란을 담지 말고 나누어 담으라는 말도 있잖아. 하지만 인생에서의 성공은 한 종목에 올인해 매달리는 게 더 효율적인 투자 전략으로 보이더라. 물이 100도에서 끓지만 기포가 뽀그르르 올라오기 전까지인 99도까지는 다 똑같아 보이잖아. 그 시간을 기다리지 못하는 사람은 결국 학문이든 사업이든 자신의 분야에서 업적을 남기지 못하는 것 같아. 성공의 언저리에서 그만두건, 애당초 그만두건 결국 포기하면 모두 똑같은 것 아니겠니? 엉덩이의 힘이 머리의 힘을 능가한다는 걸 학교에서 학생들을 가르치면서도 종종 느낀단다."

그러면서 자신이 들은 이야기를 소개해주었다.

사업이 안 돼 고민하는 친구가 있었다. 너무 힘들어 점쟁이를 찾아갔더니 5년만 견디면 좋은 날이 올 것이라고 이야기하더란 것. 점쟁이의 말을 100% 신뢰하는 것은 아니었지만 사실 그만두고 할 대안도 없고 해서, 참고 견디면 사업이 좋아질 것이란 말을 믿기로 했다. 그리고 5년을 견뎠더니 정말 사업이 잘 풀렸다는 것.

이 이야기의 키포인트는 용한 점쟁이에 있는 것이 아니라, 현재 자신에게 맡겨진 일을 열심히 하며 질기게 견디면 좋은 날은 오게 되어 있다는 데 있지 않을까.

성공한 CEO들을 만나 프로와 아마추어의 차이는 어디서 비롯되는가를 물어보곤 한다. 프로와 아마추어의 차이는 전문가가 되기까지 얼마나 자신을 믿고 한 우물만 파왔느냐에 있었다. 성공한 CEO들의 이야기를 들어보면 현재의 위치에 이르기까지 오랜 선행 투자 기간이 있었다. 철새처럼 여기저기를 옮겨 다닌 이는 없었다. 남들 눈에는 얼핏 직선으로 보이지만 이들의 삶도 자세히 살펴보면 굽이굽이 곡선이 있었다. 결정적으로 이들의 곡선을 직선으로 만들어 성공으로 개화(開花)시킨 것은 스스로를 믿고 한 분야에서 버텨온 지구력과 인내란 자산이었다. 좌절과 실패, 불안정을 버티는 선행 투자가 있은 뒤에야 비로소 인생의 극적인 변화가 시작되고 마법의 금가루가 이들의 경력에 화려하게 뿌려졌던 것이다.

시쳇말로 그 어려운 상황에서도 근거 없는 '배짱'으로 자신을 무장시키고 밀어붙였던 것이다. 성공의 세계는 평평하지 않고 둥글다. 초기 단계에서는 아무리 노력해도 저 멀리 성공의 돛대를 단 배가 떠오는 게 보이지 않는다. 그렇기 때문에 이들은 한결같이 그 배가 반드시 오리라는 강한 믿음을 가지고 기다릴 줄 아는 것이야말로 그 무엇보다 중요한 재능이라고 입을 모았다.

국내 최고의 한식 체인점 업체인 (주)놀부의 김순진 사장은 "나의 가장 강력한 성공 DNA는 시작하면 끝을 보고자 했던 자세"라고 털어놓았다. 씨를 뿌리면 싹이 나고, 김을 매면 잡초가 없어지고 수확을 거두듯 농사의 법칙을 믿고 노력을 기울였다는 것이다. 옷 장사, 음식 장사를 하다 실패하기를 수십 차례. 어느덧 서른 고개를 넘었지만 그를 지탱시켜준 것은 "다시 도전하면 반드시 잘할 수 있다"는 집념이었다. 각종 메뉴를 시도하고, 좌절하고, 마침내 발견한 게 오늘날 (주)놀부의 대표 음식이 된 보쌈 요리였다. 1989년 본격적 가맹 사업을 시작하며 사업은 일취월장,

번성하기 시작했고 그녀의 꿈은 꽃피기 시작했다.

"성공 DNA란 게 선천적인 것인지, 후천적인 것인지는 솔직히 잘 모르겠습니다. 하지만 제 장점은 아무리 어려운 와중에서도 포기하지 않는 점 같습니다. 농촌에서 나고 자랐기 때문에 뿌린 만큼 수확한다는 것에 대해 신앙 이상의 절대적 믿음을 갖고 있습니다. 농사일이라는 게 대충해서는 안 되고, 거짓말이 통하지 않거든요. 살면서 누군들 어려운 순간에 부딪치지 않겠습니까. 만일 어렵다고 그때마다 포기했다면 오늘의 자리에 오르지 못했을 것입니다. 한강에 가고 싶은 순간이 한두 번, 아니 열 번도 넘었지만 그럴 때마다 저는 조용히 마음을 가다듬으며 '내일 가도 되는데 왜 미리 가나. 한강은 마지막 선택으로 보류하고 오늘 할 일에 노력을 기울이자' 하고 생각했시요. 가더라도 이번 일은 마치고 가자고 마음을 다독이면서 또다시 일어나고, 시도하고 하다보니 어느덧 지금의 인정받는 경지에 왔네요."

한 우물에 올인하다

지승룡 민들레영토 사장은 사업 초창기, 가래떡 노점상으로까지 나섰던 CEO. 하지만 지금은 한국형 문화 카페 민들레영토의 성공으로 사업 초기에 비해 마법 같은 성장을 기록했다. 그는 "오리지널과 짝퉁 인생의 차이는 바로 독창성과 상황 대처 능력에서 비롯한다"며 "짝퉁 인생은 결국 버티지 못하는 데서 오리지널 인생과 차이를 보인다"고 잘라 말했다. 자기 것을 가졌다고 자신한다면 끈질긴 작은 '기다림'의 경험이 큰 것을 지킬 안목을 낳는다고 대답했다. 변화의 기운은 잠재된 채로 수면 아래

머무르지만 그 기운이 쌓이고 쌓여 어느 수준에 도달하면 일시에 폭발해 밖으로 분출하게 되어 있다는 설명이다.

CEO를 만났을 때 당신의 성공 비결은 머리(전략), 가슴(인간관계), 배(인내와 추진력) 가운데 어느 요인이 가장 강했느냐고 콕 찍어 대답해달라고 농담삼아 물어보곤 한다. 머리의 지능, 가슴의 감성, 배의 배포가 다 조화되어야 하지만 결정적 캐스팅 보트 작용 요소는 어느 것이었느냐가 궁금해서다.

대부분의 CEO들은 이 중에서 가장 중요한 것은 '배포' 라고 답하며 '배포=지구력' 이라고 말하는 데 주저하지 않았다. 성공이란 성취의 기회를 움켜잡는다는 것이다. 목표란 초점을 맞추기 위해선 지속적 끈기를 뼛속에 새겨 습관으로 만드는 것이 결정적이다. 이 배포란 결국 남과의 경쟁보다는 자신과의 싸움에서 승리를 위해 끊임없이 정진하면서도 지치지 않는 힘이다.

'익히다(習)' 와 '익다(熟)' 에서 어간이 같은 것은 우연의 일치인지 모르지만 의미심장하다. 익힌다는 것은 익을 때까지 기다리는 것을 의미한다. CEO들을 보면 전직한 경우가 있지만 그것도 어느 정도 경력이 만들어진 뒤이고 횟수도 많지 않다. 특히 입사 후 5년 안에 그만둔 이력을 가진 경우는 거의 없었다. 한 직장에서 3년은 기본 사항에 대해 배우는 기간이요, 5년은 한 직장에서 배우고 정착하여 성과를 내는 최소한의 기간이다. 실제로 그 이전에 그만둔다는 것은 조직에서 제대로 적응을 못 했거나, 이기적이거나 둘 중 하나로서 색안경을 끼고 보게 된다는 게 커리어 컨설턴트들의 이야기다. 조직에서 일껏 가르쳐준 것을 토해내지 않고 그만두었다고 보는 측면에서도 감점이고, 인간관계든 직능이든 어디나 문제는 있게 마련인데 견뎌내지 못했다는 점에서도 마이너스란 이야기이다.

스스로 종사하는 분야에서 자신이 얼마나 지구력을 갖고 올인하며 일해왔나 뒤돌아보라. 삶에는 찔레꽃 인생과 장미꽃 인생이 있다. 자잘한 꽃망울을 피우는 조기발화형의 찔레꽃도 있지만, 늦게 피지만 크게 피는 장미형 인생도 있다. 당장 여기저기를 넘보는 사람은 남과의 경쟁 논리에 사로잡혀 인생 첫 단계에서 프리미엄이 감소되는 것을 견디지 못한다.

하지만 끈질긴 지구력으로 한 우물을 파온 자는 나중에 소담한 장미꽃을 피운다. 계란을 여러 바구니에 나누어 담듯 자신의 종목을 분산시켰던 이가 CEO로 오른 경우는 보지 못했다. CEO들이 최근 뜨고 있는 투잡스족에 질색하며 개인의 열정을 회사의 비전에 일치시킬 것을 주문한 것도 이런 맥락에서 풀이되었다. 자신의 영역에서 정상에 오르고 싶다면 계란은 한 바구니에 담아야 한다. 선행 투자를 묵묵히 해온 끈질긴 사람이 여기저기를 넘본 헛똑똑이를 결국 능가한다.

2 준비가 행운을 만든다

우리는 우리 스스로 운명을 만들고는 그것을 운명이라고 부른다.

…디즈레일리 영국의 정치가

최고경영자들을 만나면서 가장 많이 들은 단어가 '준비'였다. 결국 삶에서의 성공은 준비에서 판가름이 난다. 팔자소관, 운명도 결국 준비에서 차이가 생긴다.

중소기업을 경영하는 A사장의 사무실을 방문했을 때의 일이다. 약속 시간을 정해 그의 사무실을 방문했는데 신축 건물이라서 모든 게 디지털 시스템으로 작동했다. 그런데도 그는 허리춤에 열쇠 꾸러미를 그득하게 차고 다녔다. 얼핏 욕심쟁이 스크루지 영감이 생각나서 어색하기도 했다. 더구나 가뿐한 열쇠 몇 개도 아니고, 마치 조선시대 곳간 열쇠같이 한 손으로 들 수 없을 정도로 묵직해 보였다. 쌀가마니가 쟁여 있는 곳간이 예전처럼 있는 것도 아닌데 말이다. 내 눈길이 열쇠 꾸러미에 머물러 있는 것을 느꼈는지 A사장이 먼저 말을 꺼냈다.

"하하, 제 삶의 모토는 첫째도 준비와 대비, 둘째도 준비와 대비입니다. 지금 모든 게 디지털 시스템으로 돌아가지만 기계 작동이 언제 어떻게 잘못될지 모르잖아요. 그리고 위기는 늘 예고 없이 닥치게 마련입니다. 평소엔 아무 일 없이 멀쩡하게 가동되다가도 기술자가 없는 일요일 같은 날 문이 작동되지 않는 등으로 말이지요."

컴퓨터에 파일을 저장할 때도 그는 노트북, 사무실 데스크톱 컴퓨터 USB 등 몇 곳에 나누어 삼세 번 저장한다고 덧붙였다. 보통 사람들은 대비를 안 해놓고선 무슨 일이 터졌을 때 '하필', '왜 나만' 이라며 그날의 일진, 좀 더 심한 경우 자신의 불행과 불운을 탓한다. 하지만 대부분의 국가석 재앙이 천재지변이라기보다는 인재인 것처럼 개인의 경우에도 마찬가지다. 준비란 곧 위기 관리다. 여러 가지 가능한 위기를 상정하고, 그 중 최악의 경우에 이중 삼중으로 대비하는 것이 운을 만든다.

A사장은 말을 이어나갔다.

"남들은 자기보다 성공하거나 돈을 많이 번 사람을 보면 부러워만 하더군요. 나는 안 그래요. 나보다 더 노력하고 재능이 뛰어난 결과로구나 생각하지요. 어차피 산다는 것은 점을 잇는 행위예요. 점이 이어져 선이 되는 것이죠. 오늘의 점을 잘 찍어야 미래의 선이 튼튼해지는 것 아니겠습니까. 설령 오늘 일이 잘 안 풀렸다 하더라도 저는 결코 재수 없다고 불평하지 않아요. 오히려 과거의 내가 잘못 찍은 점의 결과라고 생각, 100% 수용하지요. 내가 찍어야 할 점을 뭘 하나 제대로 안 찍어 오늘 끊어지고 만 것이지요. 바로 전의 실수 때문일 수도 있고, 10년 이상 된 나의 묵은 과오 때문일 수도 있어요. 분명한 것은 불운이든, 불행이든 원인 없는 결과란 없다는 겁니다. 그러니 점을 잘 이으려면 현재의 일에 집중해야지요. 집중하지 않으면 결국 언제고 끊어지게 마련이니까요."

준비가 행운을 만든다

성공을 거둔 사람들을 만나면 스스로 운이 좋았다고 말하는 경우를 많이 보았다. 세상에 가장 무서운 놈은 운 좋은 놈이고, 운 좋은 놈은 누구도 못 이긴다는 말이 있다. 사실 CEO들을 인터뷰할 때 이들이 공통적으로 했던 말은 운이 좋았다는 이야기, 즉 운칠기삼이란 이야기였다. 열이면 아홉은 스스로 운이 좋았다고 이야기하는 것을 보고 겸손해서 그런가 의문을 가져보기도 했다. 그런가 하면 정말 그들의 사주가 좋은가 고개를 갸우뚱거리기도 했다. 자세히 살펴보니 준비가 운 좋은 이를 만든 것이었다. 지금 이 상태에서 무엇을 어떻게 준비해야 한다는 말일까.

나의 이 같은 질문에 전문경영인들은 골프에 빗대어 대답했다. 골프를 배울 때 공이 어디로 날아갈지는 보지 않는다. 다만 자신이 공을 치는 자세만 바로하면 공은 제대로 날아가게 되어 있다는 것이다. 마찬가지로 과거-현재-미래는 이어져 있기 때문에 미래를 준비한다는 것은 현재를 충실히 살고 있다는 것과 통한다. 얼핏 행운아는 행운이 따르는 사람이지만, 사실은 그들이 힘든 시간을 효과적으로 썼기 때문에 받는 보답이다. 과거의 노력이 현재의, 그리고 미래의 결과를 결정한다.

30대 중반에 대기업의 사장에 올라 60대까지 부회장을 지내다, 이제는 강남에 고층 빌딩을 가지고 개인사업을 하는 H회장. 그 역시 성공의 키워드로 제시한 것은 '준비' 였다.

"일에 몰입하면 돈이 눈앞을 왔다갔다 어른거리는 게 절로 보이게 되어 있습니다. 준비한 사람은 그 결정적 기회를 간파해서 잡을 수 있지요. 준비를 안 한 사람은 두 가지 경우입니다. 아예 보이지 않거나, 보이더라도 잡을 기구가 없어 발만 동동 구르며 놓치는 경우이지요. 잡는 경우에도 준비가 철저한 사람은 기계로 한 장도 새지 않게 모두 챙길 수 있는 반면 준비가 부실한 사람은 잠자리채로 듬성듬성 잡을 수밖에 없지요."

기자에서 교수로, 교수에서 경영인으로 성공적 인생 삼모작을 한 S사장. 그는 성공적 경력 관리로 주위 사람들에게 부러움을 사는 인물이다. 과연 인생의 터닝 포인트를 위해 평소에 어떻게 준비했는지 그에게 물어보았다. 그는 준비란 거창한 것이 아니라 사소한 데서 출발한다고 털어놓았다.

"하다못해 이직을 준비하더라도 보통 사람은 코앞에 닥쳐서야 호적등본이니 재직증명서니 관련 서류를 떼느라 부산하지 않습니까. 저는 그래본 적이 없습니다. 평소에 여유 있을 때 경력증명서, 재직증명서 등 일체의 서류를 준비, 몇 세트 만들어놓지요. 그러면 각종 서류를 떼는 데 따른 주위의 따가운 시선이나 의구심도 막을 수 있어 일석이조입니다.

이번에 CEO 제의를 받았을 때도 마찬가지였습니다. 사정이 급박하게 돌아가는 바람에 서류를 몇 시간 내에 제출해야 했지요. 만일 사전 준비를 해놓지 않았다면 주위의 강력 추천이 있다 하더라도 제대로 서류를 구비하지 못했을 것입니다. 그런 것을 보면 저의 이 같은 사소한 준비가 오늘의 기회나 행운을 만들었다는 생각이 드는군요."

내가 느낀 것은 운이란 결국 준비와 비례한다는 것이었다. 흔히 8자는 바로 해도, 거꾸로 해도 바꿀 수 없어 팔자소관을 바꾸지 못한다고들 한다. 하지만 철저한 준비는 인생 역전을 가능하게 만든다. 행운의 화살을 맞을 확률을 높이려면, 나의 준비로 기회의 체표면적을 늘리는 수밖에 없다. 내가 되고 싶은 것이 있으면, 내가 하고 싶은 것이 있으면 거기에 맞게 해야 할 일들을 리스트로 작성하고 빈 곳을 메워 준비하는 습관, 그것이 CEO들의 행운을 만들었다. 준비는 없는 행운도 불러온다.

이들은 경영자가 되기 위해, 또 자신을 차별화시키기 위해 신뢰를 쌓든지, 아니면 희소성 있는 자신만의 실력으로 승부를 걸든지 어떤 식으로든 철저히 준비를 했다. 당신에게 기회가 오는 소리가 들리는가. 그렇다면 잠자리채로 잡을 것인가, 아니면 레이더망으로 100% 포착, 자동화 시스템으로 잡을 것인가. 모두 자신에게 달려 있다.

계산기를 두드리는 인생을 살지 않는다

3

한 개의 촛불로써 많은 촛불에 불을 붙여도
처음의 빛은 약해지지 않는다.

-- 『탈무드』

어렸을 때 즐겨 읽던 동화가 있다. 똑똑한 형들을 제치고 어수룩한 막내가 얼음성 안에 갇힌 공주를 구해 왕의 사위가 된다는 내용이다. 막내가 공주를 구할 수 있었던 것은 뛰어난 재능이나 지능 때문이 아니었다. 자기가 아무리 바빠도 남을 도와주고 자신이 가진 작은 것도 나누는 태도와 습관에 있었다. 그는 공주를 구하러 가느라 마음이 바쁜데도 강을 건너게 도와달라는 노파를 건네주고, 배고픈 동물과 곤충들에게 자신의 마지막 빵 한 개를 나눠주고 옷을 벗어준다. 당장은 시간이 지체되는 일이었지만, 결과적으로 위기에 빠졌을 때 그를 구해준 것은 바로 자신의 이 같은 음덕이었다. 자신이 구해준 사람과 동물이 그를 위기에서 구출, 궁극적 승리자로 만들어주는 것이다.

노하우를 공유하고 후계자를 키워라

이는 동화 속의 이야기만이 아니다. 영국의 명문 귀족 소년이 물에 빠져 살려달라며 허우적거리고 있었다. 때마침 지나가던 그 또래 가난한 농부의 아들이 뛰어들어 익사 직전의 그를 구했다. 이것이 인연이 되어 농부의 아들은 귀족의 도움으로 의과대학을 마쳐 훌륭한 의사로 성장했다. 물에 빠졌던 귀족 역시 정계에 진출해 영국을 이끄는 정치인으로 승승장구했다. 그러던 어느 날 그 귀족이 폐렴에 걸려 사경을 헤매고 있었다. 당시 폐렴은 쉽게 고칠 수 있는 병이 아니었다. 이 소식을 전해 들은 의사는 자신이 만든 특효약을 들고 달려와 또다시 그를 구했다. 이를 계기로 그 의사의 특효약은 세계의 주목을 받게 되었고, 결국 그에게 노벨상을 안겼다.

이 동화 같은 이야기는 실화다. 목숨을 건진 주인공은 제2차 세계대전의 영웅인 윈스턴 처칠이고, 농부의 아들인 의사는 처칠에게 처방한 특효약인 페니실린을 발견해 많은 생명을 구한 알렉산더 플레밍이다. 혼자 힘으로 열심히 하면 '티끌 모아 동산' 밖에 못 만들지만 남을 열심히 도우면 '티끌 모아 태산' 으로 비약적 발전을 할 수 있다.

결국 주는 것이 받는 것이 되는 셈이다. 예전에 TV의 모 고추장 CF에서 떡볶이집 할머니가 나와 "우리 집 떡볶이 비밀은 며느리에게도 안 알려줘" 하는 카피가 유행한 적이 있다. 말하자면 고려청자의 비밀을 아들에게도 알려주지 않았다는 컨셉트다. 하지만 그것은 구멍가게 규모로 일할 때 이야기다. 좀 더 크게 성공하고 싶다면 물건을 팔 게 아니라 시스템을 팔아야 한다. 그러기 위해선 노하우를 감출 게 아니라 나눠야 한다. 사람들과 사람, 시간, 돈을 많이 나눌수록 자기에게 돌아오는 보답은 크게 되어 있다.

오죽하면 "낯선 이를 위해 시간, 돈, 보금자리를 내어주는 것은 신으로 하여금 자신에게 빚을 지게 하는 것과 같다"는 말이 있겠는가. 면(面) 서기를 꿈꾸던 '시골 촌놈'에서 오늘날 글로벌 CEO에 오른 이채욱 GE코리아 회장은 "조직은 상하관계에 찬물을 끼얹지 않는 열정적 인재를 요구한다"고 강조한다. 상하에 찬물을 끼얹는 이유는 여러 가지가 있지만 파고들어가면 욕심 때문이다. 욕심이란 것은 물질뿐 아니라 정보 지식의 독점욕도 포함한다. 특히 어려서부터 경쟁의 원리가 지배하는 우리 교육의 특성상, 국내의 실력 있는 인재들일수록 없애기 쉽지 않은 독소가 바로 팀워크 정신의 부재다. 이채욱 회장 스스로 실천해왔고, 그가 회사에서 직원들에게 강조하는 것이 정보 공유다.

"GE는 절대적으로 조직이 정보를 공유할 것을 강조하고 있습니다. 회사 기물이 공유 재산이듯 정보 또한 공유의 차원이지요. 자기의 숙련된 노하우를 나눠주고, 자신의 후계자를 양성하는 것은 시혜가 아니라 의무에 속합니다. 잘났다는 것의 진정한 의미는 독불장군이 아니라 남도 자기 수준으로 끌어올릴 능력이 됨을 의미합니다."

나눔이야말로 인생의 티핑 포인트

밑에서 올라오는 '싹'을 경계해서 뽑아내도 시원찮을 판에 양성하라는 게 우리 정서에는 맞지 않게 생각될 수 있다. 하지만 이 회장은 자신이 승진하기 위해서라도 능력 있는 후배를 적극 양성할 필요가 있다고 말한다. 후계자는 함께 경기를 뛰어주는 동반자와 같다는 것. 뒤에서 쫓아오는 이가 있는데 가만히 있을 리는 없고 자신도 더 열심히 뛰어야 한다는 이야기다.

"저는 사람, 지식 모두 나누면 나눌수록 풍부해진다고 생각합니다. 여러 사람에게 전파하면 전파할수록 그 효과는 눈덩이처럼 커지고, 나에게도 우리 기업에게도 이득이 되지요. 우리도 또 준 만큼 다른 이에게서 배울 수 있으니까요. GE의 6시그마 이론을 아낌없이 국내 기업들에게 전수하는 것도 바로 이 같은 생각 때문입니다."

이처럼 나눔이야말로 인생의 티핑 포인트를 만드는 비장 무기란 게 내가 CEO들을 보며 느낀 것이다. 최고의 경영은 바로 자기 경영이다. 나눔이란 자기를 조절하고 남에게 베풀 줄 아는 능력이기 때문이다. 나중에 여유 있게 되면 베풀거나 누리겠다는 등 계획으로 그치는 사람들은 많지만, 정작 실행하는 이는 드물다. "나중에"라고 말하면 이미 늦다. 지금 당장 베풀어야 한다.

진정한 성공은 계산기를 두드리는 데 있지 않다. 내 잔이 넘치도록 역량을 키우고 남과 나눌 때 그 이상으로 돌아온다. 정보고 지식이고 아까워하지 말고 주위와 나누는 것이 CEO들의 공통점이었다. 요컨대 타인에 대한 배려와 공유 마인드는 쓰면 고갈되는 광맥이 아니라 베풀수록 풍부해지는 수맥인 것이다. 단, 명심할 것은 다른 수맥을 찾아나서는 노력을 하든, 깊이 수맥을 파든 끊임없이 자신의 역량 강화에 대한 노력을 기울였다는 점이다.

그 같은 노력을 기울이는 게 너무 피곤하니까 그냥 지금대로 있으면서 정보와 지식을 독점한 채로 우월적 지위를 누리고 싶다고 생각할 수도 있다. 하지만 성공한 이들은 요즘 같은 변화의 시대에 그래봤자 화폐 개혁 당한 헌돈밖에 안 된다는 것을 본능적으로 깨닫고 있었다. 움켜쥐지 못할 바엔 인심을 얻는 게 낫지 않은가.

그러다 나만 손해보지는 않을까. 이들에게 지식과 정보의 공유와 나눔은 앞선 자의 선한 행위란 의미이기보다는 역량 투자와 계발의 의미가 강했다. 자신의 역량을 강화하기 위한 채찍질 성격도 있기 때문이다. 앉아서 다 주어버리는 것이 아니라 주고 나서 얼른 앞으로 달려나가자는 전진적 마인드이기 때문이다.

이 같은 공유를 강조하자, 이채욱 GE코리아 회장에게 한 직원이 "다 줘버리고 나면 나에겐 뭐가 남아요"라고 질문했다고 한다. 이 회장의 답변은 이랬다.

"자네, 평생 과장만 할 것인가."

그렇다, 과장 때 지식은 후임 과장이 될 사람에게 물려주고 다음 자리를 준비한다는 것. 말인즉슨 옳지 않은가.

4 새로운 것을 겁내지 않는다

기업가는 남들이 보지 못하는 기회를 보며,
새로운 것에 대한 두려움을 극복한다
-- 브랑코 바이스 스위스의 기업가

CEO 대상의 AMP(Advanced Management Program: 최고경영자 과정) 수업을 취재한 적이 있다. 그때 놀란 것은 50대 이상의 CEO들도 첨단 PDA(개인 휴대용 정보 단말기)나 휴대폰을 통해 일정 참조, e메일 체크 등 첨단기능을 적극 활용하고 있다는 사실이었다. 꼭 휴대폰뿐이 아니다. 여러 CEO들을 취재하며 느낀 점은 이들은 첨단기기뿐 아니라 새로운 조류를 받아들이기를 두려워하지 않는다는 것이었다. 이것은 결국 도전 정신과도 통한다. 알다시피 성공을 거둔 CEO들은 뛰어난 커뮤니케이터들이다. 주위 사람들의 의견을 널리 수렴하고 받아들이는 데 이골이 나 있다. 하지만 결정적 순간에는 남들이 말리는 선택을 밀어붙이는 경우가 많았다. 한 CEO는 "청개구리가 되어야 성공할 수 있다"는 극단적 말까지도 서슴지 않았다. 개인적 측면에서든, 조직에서든 새로움은 도전이고, 도전은 늘 익숙한 것, 편안한 것과의 이별을 동반한다. 그래서 많은 사람에게 새로운 도전은 불편할 뿐 아니라 두렵다.

도전 정신을 가진 청개구리가 돼라

최소한 내가 인터뷰한 CEO 중 60% 이상은 "남들이 도시락 싸고 다니며 적극 말리는 결단을 밀어붙여보았다"고 답했다. 심지어는 관용어로 분류, 각 CEO의 인터뷰 기사에 그냥 붙여 넣어도 될 정도로 이 같은 표현은 성공한 CEO들의 공통 사항이었다.

CEO들은 좋든 나쁘든 핏속에 새로운 것을 시도하고 싶은 도전 정신이 흘러넘친다. 손에 익은 게 편안하게 느껴지기보단 불안해서 견딜 수가 없다는 이야기였다. 이강호 한국그런포스펌프 사장. 그는 육군사관학교 출신 CEO다. 사관학교 출신으로서 비즈니스계에 뛰어든 이유가 궁금했다. 평생 동서 155마일, 남북 500킬로미터 이내에서 동기들과 경쟁하느니 세계를 무대로 경쟁해보겠다는 생각이 그를 군대 밖으로 뛰쳐나오도록 부추겼다는 대답이었다. 그는 "나의 선택은 매번 쌓아온 경력을 지우고 다시 시작하는 것이었다"며 당연히 성공 확률보다 실패 확률이 높았다고 말한다. 주변 사람들이 늘 자신의 선택을 말렸지만, 선택의 갈림길에서 판단의 잣대로 작용한 것은 당장의 편안함보다는 자신의 브랜드 가치를 높일 수 있는 방향을 선택해야 한다는 신념이었다.

그래서 이들은 잘나가는 직장을 그만두고 새로운 일을 시작하는가 하면 주변 사람들이 모두 말리는 새 사업을 벌이는 등 청개구리가 되기를 선택했다.

개구리 이야기가 나온 김에 또다른 개구리 이야기를 하나 더 해보자.

미지근한 물에 점차 삶겨 죽어가는 개구리가 있다. 냄비 물 속에 개구리를 넣어두고 서서히 가열하면 뛰어나올 수 있는데도 그 미지근함에 젖어 나오지 않고 결국 삶겨 죽는다는 이야기다. 현재의 생활에 안주, 혁신을 꾀하지 않는 생활도 마찬가지다. 안정된 생활에 길들여지다 보면 뛰쳐나오기가 힘들다.

성공한 CEO들은 잘나갈 때 새로운 베팅을 시도, 자신의 역량을 강화해왔다. 남들이 박수칠 때, 그때가 바로 자신이 새로운 도전을 해야 할 때임을 본능적으로 깨우친 이들이다. 이들은 인생의 변곡점에서 안주하기보다는 과감하게 새 투자에 나섰다. 어느 정도 꼭대기에 올라가 편히 살 수 있는데도 다시 새로운 도전을 시도한 것, 이것이 CEO들의 공통점이다.

인생에는 티핑 포인트와 터닝 포인트가 있다. 티핑 포인트는 양적 축적을 통해 질적 변환을 초래하는 마법의 순간이다. 말하자면 티끌 모아 동산이 되는 순간이다. 이에 반해 터닝 포인트는 한 박자 쉬고, 생각의 방향을 바꾸어 새로운 동산을 만드는 극적 변화다. 티핑 포인트, 터닝 포인트, 티핑 포인트, 터닝 포인트를 반복하면서 이들은 자신의 역량을 강화한다.

이길 수 있는 게임 VS 이길 것 같은 게임

문상주 고려학원 이사장. 1970년대에는 검정고시 교육의 대부였고 현재는 우리나라 최대의 오프라인 학원 사업가로 꼽히는 인물이다. 그의 집무실은 용산 숙대입구역에 있다. 시내 중심에 세워진 15층 높이의 건물로열층에 그의 집무실이 위치하고 있었는데, 통유리창 너머로 보이는 남산의 전망이 시원했다. 장시간의 인터뷰 뒤, 그가 특유의 전라도 억양으로 내게 물었다.

"기자 양반, 나같이 별난 삶을 산 사람 인터뷰해본 적이 있소?"

"하하, 보통 사람과 달리 별나셨으니 성공하신 것이지요. 같으셨다면 그 자리에 오를 수 있었겠습니까. 성공 요소 중에는 남과 다름이 있어야 하는 것 아닌가요?"

나의 응수에 맞장구를 치듯 스스로 생각해도 별난 삶을 살았다는 그의 이야기가 이어졌다.

"학원 경영으로 사회교육 사업에 뛰어든 본격적 계기는 1981년 당시 국내 최고의 입시 학원이던 제일학원을 인수한 것이지요. 모두 나더러 미친 짓이라고 말리더군요. 그나마 있는 학원들도 도산해가는 판에 적자가 쌓인 학원을 20억 원이나 주고 인수하다니, 속을 모르겠다고요. 이사회에서도 당연히 난리가 났지요. 위험 부담을 안고 인수해서 어쩌겠느냐는 이야기였어요. 하지만 나는 인수를 멈추기는커녕 학원 재정비를 하는데 큰돈을 들였지요. 그렇게 생돈을 3년간 들였어요. 너무 큰돈을 들여 모험하는 것 아니냐는 직원들의 만류에 내 의지를 꺾었더라면 지금의 성공은 불가능했을지도 모릅니다. 아마 내가 가지고 있던 학원 운영에만 머물렀다면 그저 동네 학원장에 머물렀겠지요. 남들이 하지 말라는 짓은 정말 다 해보았네요."

문 이사장은 듣고 있던 나의 태도가 너무 진지해 '안 가본 길'을 선택하기 위해 사표라도 낼 것이 걱정되었던지 사족을 덧붙였다.

"도전 정신이 좋다고 무턱대고 공략했다가는 무모한 결과를 낳을 수 있습니다. 남들이 만류하는 것을 무조건 시도해야 하는 것은 아니고, 미래를 정확히 내다볼 줄 알아야지요. 도전 정신도 치밀한 전략이 있어야 합니다."

남들이 말리는 것은 도전의 성공 확률이 낮다고 보아서다. 하지만 CEO들은 분명한 존재 가치와 목표가 있다고 생각하면 당장의 편함보다는 불편함을 기꺼이 택하며 인생의 전환을 과감히 꾀했다. 자신의 꿈이 환하게 보이는데 어떻게 참느냐는 게 이들의 하소연 아닌 하소연이다. 보통 사람은 이길 수 있는 게임에만 도전하려고 한다. 하지만 CEO들은 이길 것 같은 게임에도 도전한다. 도전 정신은 주위의 의견 수렴보다 상위의 법이란 게 이들 CEO들의 의견이다.

도전은 허공에 대고 손을 휘두르는 일이 아니라 트렌드를 읽고 남보다 한 박자 앞서 가는 일이다. 새로운 것을 두려워하면 앞서 갈 수 없다. 주식 상품을 보면 고위험 상품이 배당률도 높다. 저위험 상품은 배당률도 낮을 수밖에 없다. 삶의 수익률을 높이려면 고위험의 도전 정신을 가진 청개구리가 되어야 한다. 다만 엇박자가 아니라 한 박자 앞서 가는 사람이 되어야만 성공 가능성이 높다.

비위를 맞추기보다는 원칙에 맞춘다 5

정직은 아마도 가장 대담한 형식의 용감함일 것이다.

-- 윌리엄 서머셋 몸 영국 작가

L사장은 성공의 조건으로 진실을 제일 우선으로 꼽는다. 그는 스스로 "거짓말을 전혀 안 하면서 살 수는 없었지만 거짓말을 최대한 안 하려고 노력했다는 데 대해선 자부심을 가지고 있다"고 자신 있게 말한다.

"사업을 하시려면 솔직히 부딪히는 것도 많은데 우리나라 현실에서 본인의 마음만으로 그것이 가능합니까?" 하고 물었다.

그는 나의 우문에 이렇게 현답을 했다.

"빨리 성공하기 위해선 거짓말이 효력이 있을지 모릅니다. 하지만 지속 가능한 경영으로 롱런하기 위해선 진실성이 필수입니다. 정직이란 습관입니다. '이번에만 하고 다음엔 안 해야지'라는 것은 안 통하지요. 한 번 단추 풀린 짓을 하면 그 다음부터 삶의 단추를 주르르 잘못 꿰게 됩니다. 사원을 뽑을 때 능력 있고 빠릿빠릿해 보여도 정직하지 않거나 신뢰가 가지 않는 사람은 가장 먼저 떨어뜨리게 됩니다."

정직이 비극(悲劇)을 복극(福劇)으로 바꾼다

원칙과 정직이 중요하다는 것은 귀에 딱지가 앉도록 듣는 말이다. 하지만 실천하려면 쉽지 않은 말이기도 하다.

사회에 나오면 인생 선배들의 훈수랍시고 듣는 것이 세상은 교과서와 다르다는 것이다. 하지만 CEO들은 신뢰와 원칙의 준수에 엄숙할 정도로 목숨을 건다. 인터뷰가 끝난 뒤 인사말로 "다음에 또 뵙겠습니다. 식사 한번 하시지요" 하고 말할 때가 있다. 그럴 때 보통 사람들과 CEO들의 반응에 통계학적 차이가 나는 것을 발견하고 흥미로웠다. 일반 사람들은 가까운 사이든 아니든, 대뜸 "네, 다음에 뵙겠습니다" 하고 쉽게 대답이 나온다.

반면에 CEO들은 자신이 도저히 시간이 나지 않거나 다음에 볼 생각이 없다면 응답을 얼버무리고 차라리 건너뛴다. 인사차 빈말을 해야 한다고 판단하는 순간, 당황한 표정이 역력히 드러나는 경우가 많았다. 적어도 거짓말하는 것에 대해 심리적 거부감이 존재하기 때문이란 게 나의 개인적 판단이다.

유순신 유앤파트너스 대표. 헤드헌터를 넘어 CEO 취업의 대모란 별칭이 어색하지 않은 그는 자신이 이 자리에 서게 된 것은 정직과 신뢰 덕분이라고 단언한다.

"한마디로 저는 빈말을 안 하지요. 아무리 작은 약속이라도 일단 내 입에서 나간 이상은 성심성의껏 지키려고 노력합니다. 이 같은 작은 신뢰가 고객들과의 관계를 질적으로 향상시키고, 대형 프로젝트 성사로 이어지더군요."

자신이 공수표를 남발할수록 자신에게 돌아오는 약속 부도율도 높아진다는 논리다.

문국현 유한킴벌리 사장. 고지식할 정도로 정도(正道) 경영을 주장하는 대표적 CEO이다. 한국적 경영 여건상 어쩔 수 없다는 말은 그에게는 핑계에 불과할 뿐이다. 그는 대학생 때조차도 커닝을 한 차례도 해본 적이 없다. 이 말을 듣고 남의 답안을 엿보는 것은 그렇다 치더라도, 친구에게 답안지를 안 보여주는 것은 인정상 어렵지 않았을까가 궁금했다.

"커닝을 청춘기의 낭만으로 볼 수 있지 않느냐고요? 천만의 말씀입니다. 실력 경쟁에서 남의 것을 보는 것이나, 보여주는 것이나 정당하게 경쟁하고자 하는 이들에게 피해를 끼치는 일이죠. 어려서부터, 젊어서부터 정직하게 페어플레이하며 사는 습관이 몸에 배어야 합니다."

이 같은 원칙 고수는 회사 경영에서도 그대로 발휘되었다. 1995년 사장이 된 뒤 접대, 기밀비, 고정 판공비 등을 완전히 없앴다. 물론 현실은 만만치 않아 당장 여러 곳의 영업 루트가 막히기도 했지만 그는 회사의 지구력과 전문성을 강화하는 것으로 버텼다.

"정직 때문에 단기 손해는 볼망정, 장기적으로 손해를 보는 법은 없습니다. 다만 장기적 안목으로 버티는 힘을 얼마나 더 가졌느냐 하는 것이 중요하지요. 자신의 삶을 비극이 아닌 복극(福劇)으로 바꾸기 위해선 정직이 몸에 배게 하는 게 필수입니다. 관행에 따라 이리저리 바꾼다면 그게 어디 기본입니까. 핑계 없는 원칙의 사수, 그것이야말로 진정한 성공의 비결입니다. 남에게 떳떳하지 않다면 마음이 편하겠습니까. 하루를 살더라도 하늘을 우러러 한 점 부끄럼이 없어야지요."

문 사장은 이 대목을 강조하며 셰익스피어의 비극을 예로 들었다.

"셰익스피어의 4대 비극을 보십시오. 주인공들의 지위로 보면 모두 장군, 왕 아닙니까. 표면적으로는 남이 부러워할 만한 지위를 가졌다는 점에서 '복극(福劇)' 이지요. 하지만 그들을 보고 아무도 복극이라 하지 않고 비극이라 하지 않습니까. 떳떳한 성공을 거두지 못하니 행복하지 못하고 비극이 되는 것 아닙니까. 진정한 복극은 떳떳함과 당당함에서 나옵니다."

정직은 선택과목이 아니라 필수과목

털어서 먼지가 나지 않는 사람은 없다. 아니, 드물다. 하지만 이 드문 무리에 속할 때 당신은 신뢰받을 수 있고 성공의 문턱을 한결 쉽게 넘을 수 있다.

CEO들 중에는 구조조정 등 남에게 도저히 좋은 소리를 듣기 힘든 일을 수행했던 이력을 가진 인물들도 많이 있었다. 이들이 그런 어려움을 풀 수 있었던 것은 원칙을 중시한 교과서 덕분이라고 답했다.

정직은 모두의 비위를 맞추려는 태도가 아니라 누구나 수긍할 수 있는 원칙을 투명하게 밀고 나가는 강한 태도다. 때로는 침몰하는 배에서 부담이 되는 짐뿐 아니라 사람도 던져야 하는 '비인간적' 지시를 해야 할 때도 있다.

문제는 집어던지는 비정함에 있는 것이 아니라, '누구를' 집어던지느냐 하는 기준이 정직하고 투명해야 한다는 것이다. 그래서 바른 사람이 성공할 확률도 높아지는 것이다. 거기서 집어던진 사람의 기준이 불분명하면 남아 있는 사람은 동요하고 결국 제대로 순항할 수 없을 것이다. 인간적이라는 것과 냉정이 모순되지 않는 까닭이 여기에 있다.

CEO들은 '정직은 하면 좋은 삶의 부가적 덕목' 이 아니라 '반드시 해야 할 삶의 필수 항목' 이라고 말한다. 정직은 진부한 교과서 속 교훈이 아니라 성공에 도움이 되는 성공 전략이다.

과연 이익 창출이란 실리와, 정직이란 도덕적 덕목이 어떻게 병존할 수 있을까가 궁금했다.

"리더가 된다는 것은 적조차도 내 편으로 만드는 능력입니다. 리더가 되면 손에 피를 묻혀야 하는 경우도 많아집니다. 그러기 위해선 내 욕심 때문에 하지 않는다는 것을 상대방이 전적으로 공감할 수 있어야지요. 내 이익을 위해 꼼수를 부리면 콩으로 메주를 쑨다고 한들 상대방이 믿겠습니까. 그러면 조직이 움직일 수가 없고, 상대방을 설득할 수가 없지요. 정직이 없으면 조직원에게 존경받을 수 없습니다. 그런 점에서 정직이야말로 제1의 성공 전략이지요."

문국현 사장은 정직과 원칙 준수의 장점에 대해 이렇게 설명을 덧붙였다.

"원칙을 따르면 조직의 효율에 오히려 스피드가 붙습니다. 어떤 것을 해야 할지 말아야 할지 쓸데없는 고민이 사라지고, 방황이나 갈등도 없어지니까요. 누구에게 물어보나 정답은 한 가지이기 때문에 합리적으로 사업을 할 수 있게 됩니다. 서로 숨길 것이 없으므로 상호 신뢰할 수 있게 되지요. 수평적으로나 수직적으로나 서로 마음을 읽는 투명 경영이 절로 되는 것이지요."

6 장애물이야말로 뜀틀이다

나는 가난한 덕분에 평생 근검절약할 줄 알아 부자가 되었다.
나는 배우지 못한 덕분에 평생 공부에 남들보다
더 많이 관심 갖고 한 글자라도 더 배우려고 열정을 쏟았다.
나는 몸이 약했다. 오히려 그 덕분에 더 조심하고 삼가면서
건강을 챙겨 95세가 넘도록 장수할 수 있었다.

— 마쓰시타 고노스케 마쓰시타 그룹 창업자

광고업계의 사장 A씨. 그는 발군의 실력뿐 아니라 주위를 즐겁게 해주는 유머 바이러스를 가진 30대의 재기발랄한 CEO이다. 늘 밝고 베스트 드레서 CEO로도 손꼽히는 그이기에 집안 환경도 당연히 유복하겠거니 생각했다. 취재 후 개인적으로 친해져 이야기를 하다보니 그게 아니었다. 고등학교 재학 때 아버지의 사업이 망해 온 가족이 뿔뿔이 헤어져 먹고사는 문제를 제각기 책임져야 할 지경에까지 이른 적도 있었다는 것.

"저의 형은 공부도 잘하고 당연히 집안의 기대도 컸어요. 집안 형편이 어렵게 되니 저보다 훨씬 힘들어하더군요. 나는 '이놈의 세상, 더러워서 못 살겠다' 고 생각하기보다는 '두고 보자' 란 쪽으로 맘을 먹었지요. 남에게 아쉬운 부탁을 안 하겠다는 처절한 의지를 갖고 입술을 깨물면서

요. 똑같은 환경에서도 나는 악착같이 생각한 반면에 형은 이 환경이 창피하다고 생각하며 안으로 움츠러들고 좌절했어요. 그러면서 환경을 탓했던 것이지요. 같은 조건이 누구에겐 독이 되기도 하고, 누구에겐 약이 되기도 하는 것 같습니다. 생각 하나의 단추가 우리 형제의 운명을 다르게 만들었다고나 할까요."

긍정적 의식은 독도 약으로 바꾼다

긍정적 의식은 독을 약으로 바꾼다. 그것이 CEO 마인드다. 오너의 인정을 받아 중견간부 시절부터 늘 회사 내 교육제도 혜택의 첫 수혜자로서 해외에서 MBA, 박사학위를 따와 주위의 부러움을 사는 M사장에게 비결을 물어보았다.

"윗사람이 되어보니 예전에 제가 상사의 인정을 받았던 이유를 비로소 알겠더군요. 저는 직장 생활을 하며 상사의 지시에 한 번도 '못 하겠습니다' 라고 말해본 적이 없습니다. 문제를 해결하기 위해 장애물이 있다면, 그 문제에 따른 해결책은 무엇인가를 같이 보고드렸지요."

CEO들이 부하직원들에게 가장 듣기 싫어하는 말은 "무엇 때문에 할 수 없다"는 말이다. 막상 이유를 들어보면 별것 아닌 경우가 많고 사전에 문제가 무엇인지를 의논하면 해결이 되는데 무조건 안 된다고 핑계대는 직원을 보면 답답하다는 지적이다. 능력이 없는 사람은 무조건 안 된다고 말하지만, 능력이 있는 사람은 'Yes', 'No'를 이야기하기 전에 그 실마리를 어떻게 풀어나갈지부터 생각한다. CEO들은 일상생활에서도 약속했는데 늦었다면 "내가 좀 더 일찍 출발했어야 하는데 늦게 출발해서

죄송합니다"라고 말한다. 결코 "차가 막혀서" 같은 구구한 설명을 늘어놓지 않는다. 화제가 되는 영화를 보지 못한 것도 일하느라 겨를이 없어서가 아니라 자신이 게을러서 시간을 만들지 못했다고 말할 정도로 자기 주도화가 체질화돼 있다.

이를테면 넘어지면 단명하게 되는 삼년고개를 일반 사람들은 재앙의 고개로 보았지만, 여러 번 굴러 장수고개로 패러다임을 바꾼 소년의 지혜와 같은 것이다. 같은 현상이지만 다른 사람이나 주위 환경에 원인을 돌리면 그 사람이 주도권을 잡고 풀어주길 기다려야 한다. 내가 할 탓이라고 생각하면 문제의 열쇠는 내가 쥐게 된다. 따라서 한결 문제가 풀리기 쉬워진다.

이 같은 삶의 주도권 의식이 긍정적 마인드를 가지게 하는 기본 원동력이다. '때문에'라고 생각하면 마음이 쫓기지만, '문제에도 불구하고' 해결하려 하면 도전 의식이 절로 솟아오른다. 미국항공우주국(NASA)은 우주선에 탈 승무원을 뽑을 때 인생에서 실패와 위기를 겪었는지를 알아보는 '실패 테스트'를 한다. 실패를 경험하고 이를 극복한 사람이 더 강하고 뛰어나며 위기 상황에 적절하게 대처할 수 있다는 판단에서다.

CEO들을 보면 여러 가지 면에서 역경 지수가 남보다 높은 경우가 많았다. 배우자의 오랜 병력으로 힘들어하는 경우도 있었고, 유년 시절 가난해 수돗물로 배를 채우고 교과서 값도 제대로 내지 못한 사람도 있었다. 학비와 생활비를 벌기 위해 아르바이트를 한 것이 창업 아이디어로 이어졌다며, 불운은 행운의 어머니라고까지 자신 있게 말하는 이도 있었다.

시련은 동굴이 아니고 터널이다

넘어야 했던 장애물과 극복 방안은 다양했지만 태도 면에서 한결같았던 것은 이들 모두 자신의 힘으로 팍팍한 현실을 개척해나갈 수 있다고 믿었다는 것이다. 지방대 출신이라면 콤플렉스에 찌들어 움츠러들기보다는 '잘난 너희들은 내게 배우려고 하지 않지만 나는 너희들에게 배운다'고 생각하며 자신을 낮춰 열심히 배웠고, 결국 동기들 중 가장 앞서 나갔다. 어차피 시련은 동굴이 아니고 터널이므로 통과해버리면 그만이란 이야기였다. 주위에서 "네 주제에 어떻게"라고 모래를 뿌리는 것이 그들에겐 별로 영향을 끼치지 않았다. "어떻게 태어난 인생인데", "한 번밖에 못 사는 인생인데" 세상에 던져진 채로 살 수는 없고, 세상을 만들며 살겠다는 자신감이 보통 사람보다 강했다. 자신이 힘들게 살았다면 그것 때문에 오히려 사람들을 이해할 폭이 넓어졌다고 생각했고, 그렇게 힘들게 살아봤는데 뭐는 버티지 못하겠느냐고 생각하며 '이제 바닥을 쳤으니 뜰 일만 남았다'고 낙관적으로 생각했다.

고진감래(苦盡甘來)란 말마따나 오랫동안 고생 끝에 요즘 들어 형편이 피고 있다는 모 CEO의 부인은 "남편 별명은 오뚝이"라고 소개했다. "늘 전진만을 생각해서인지 택시를 기다릴 때도 가만히 있지 않고 늘 앞으로 서성거리는 습관이 있다"고 말했다. 남들이 잘해야 본전이라고 뒤로 꽁무니를 뺄 때, 밑져야 본전이라며 앞으로 나서서 일을 했기에 조직에서 인정받을 수 있었다.

결국 긍정적 마인드는 두 가지 요소로 구성되는 것으로 보인다. 가로축이 자기 자신에 대한 강한 확신이라면, 세로축은 주어진 조건에 대해 원망하지 않고 감사해하며 견디는 지구력이다.

KT 사장을 지낸 이상철 광운대 총장은 CEO들의 자기주도성을 이렇게 설명했다.

"멀미가 심한 사람도 자기가 차를 몰면 멀미하는 법이 없지요. 인생도 마찬가지입니다. 인생을 자기가 주도적으로 운전하면 비록 오르막, 내리막길이 있어도 멀미를 안 하지요."

11 세상의 불공평으로부터 맷집을 키운다

그렇다. 세상은 공평하지 않다. 당신이 이 사실을 받아들일 때
당신의 생은 놀랍게 변할 것이다.

—작자 미상

언젠가 선배에게서 '인체 총털 불변의 법칙'이란 말을 듣고 한참 웃은 적이 있다. 대머리나, 정글처럼 머리숱이 많은 이나 인체에 난 털의 총량은 평균적으로 비슷하다는 이야기다. 의학적으로 맞는지 안 맞는지는 모르겠다. 하지만 적어도 삶에선 고통 총량 균등의 법칙이 적용된다고 내가 만난 CEO들은 입을 모았다. 초년에 적극적 고생을 많이 한 사람은 말년이 편안한 반면, 그 반대도 성립한다는 이야기다. 즉, 초년 고생을 전진 배치한 것이 오늘날의 성취를 이루는 데 결정적 요인이 되었다고 했다. 한국 경제의 성장기를 거쳐온 세대라 그런지 이들 가운데에는 어려운 유년기나 청년기를 보낸 이가 많았다.

처음에 나는 CEO들이란 비상한 머리나 학벌, 충분한 뒷받침이 가능한

집안 배경 덕분에 보통 사람들보다 출발선에서 앞서 있을 것이라고 생각했다. 하지만 예상과 달랐다. 조건이 앞선 것이 아니라 도전 의식이 보통 사람보다 앞섰다. 역경은 문제 해결력을 키워주는 보약이며 "청년기에 역경과 고난의 터널을 통과하지 못하는 것은 자신에게 주어진 성장의 기회를 빼앗기는 것과 같다"고 지적했다.

모 출판사의 사장은 삼류대학에 입학했다는 이유로 제사 등 집안 대소사 때 친척이 모이면 온갖 구박과 멸시를 받아야 했다. "서울대 나온 비슷한 또래의 사촌형을 따라잡으면 내 손에 장을 지지겠다"는 조부의 발언을 들으며 그는 분루를 삼켰다. 이들이 세상의 불공평함으로부터 맷집을 키운 방법은 무엇일까. 불공평한 세상에 대한 원망을 하는 순간, 게임은 지게 되어 있다. 운동장에서 신발을 던지면서 항의하며 퇴장하느니 자신만의 엄격한 룰로 열심히 뛰는 것, 그것이 바로 CEO들이 세상의 불공평으로부터 맷집을 키운 비결이다.

황우진 푸르덴셜 생명 사장은 목욕탕에서 세신원 아르바이트를 해가며 학업을 이어가야 했다. 김화수 잡코리아 사장은 자기가 좋아하는 일을 선택하느라 동기들이 대기업에서 받는 월급의 1/10도 못 받으며 회사를 다니고, 창업한 뒤에는 홍수가 나면 침수된 지하 사무실에서 벽돌을 괴어 그 위에 컴퓨터를 올려놓고 일해야 했다. 그러나 10년 후 안정과 도전의 대차대조표는 그때 차이 났던 것 이상으로 역전되어 있다. 그런가 하면 음식점 아르바이트에서조차 제대로 눈치 빠르게 행동하지 못한다고 구박받다 해고당해 자신의 존재 이유에 대해 심각하게 회의를 느꼈다고 고백하는 경영자도 있었다.

CEO들은 어쩔 수 없어서든, 사서 했든 청년기에 역경을 겪은 이력을 갖고 있다. 정신적 스트레스, 환경적 요인 아니면 건강상의 심각한 문제로 생사를 오간 경우 등 고난의 스펙트럼은 다양하다. 그나마 대학에 떨어져서 한 재수가 비교적 가벼운 성장통이다. 하지만 재수를 하더라도 그냥 쉽게 하기보다는 엄청 공부를 잘하다가 예상외로 '재수'를 하게 됨으로써 충격받는 등 정신적 고통을 심하게 겪고 극복하는 경험을 적극적으로 했다.

불공평한 조건 이기려면 남보다 몇 배 노력해야

결론적으로 이야기하면 자수성가 CEO들 대부분은 '성공적 초년 고생'이란 상처를 무늬로 만들었기에 오늘날 정상에 오를 수 있었다. 모 지방대 출신의 경영자도 비슷한 이야기를 했다. 지방대에 강연을 가면 학생들이 "초록은 동색이라고 동병상련을 느끼는지 지방대 출신이라고 취업, 승진 등에 지장을 받는다"고 역성을 들어줄 것을 기대하며 불평을 늘어놓는다는 것. 그는 이런 젊은이들에게 위로는커녕 "인생에는 고통 총량 균등의 법칙이 존재한다. 지금 놀고 잘못하면 반드시 그 다음에 손해를 보고, 대가를 치르게 된다. 비명문대 차별을 받는 것은 고등학교 때 공부 안 한 대가를 치르는 것이다. 뒤집어 말하자면 지금부터라도 남보다 몇 배 노력해서 미래에 보답을 받을 수 있도록 분발하면 인생 역전이 가능하다"고 일침을 놓는다.

초년 고생을 자의든 타의든 전진 배치한 것은 자수성가 CEO들의 공통점이다. 물 좋고 정자 좋은 곳을 찾기 힘들 듯, 초년 고생 없이 중년, 노년의 편안함이 보장되는 인생은 없다. 이왕이면 초반에 힘 있고 건강할 때 겪어버리는 것이 '남는 장사'가 아닐까. 그런 점에서 모 카드 회사의 CM 송 "아버지는 말하셨지, 인생을 즐기라고"는 성공 법칙과는 동떨어진 말이다.

고난과 실패 경험을 삶에서 전진 배치할수록 후반부 인생은 평탄해질 가능성이 높다. 빨리 겪을수록 체력 · 정신력 면에서 회복이 유리하고 역경의 교훈을 오래도록 활용할 가능성도 높아진다. 늙어서 고생은 치명적 독이지만, 젊어서 고생은 명약이다. 그래서 우리 속담에 '젊어서 고생은 사서도 한다'는 말이 있나 보다. 불공평한 세상에 불평할 시간에 자기 역량을 강화하는 데 투자하는 마음, 그것이 바로 미래 CEO를 만드는 기본 태도이다.

12 돈, 피같이 생각하고 칼같이 쓴다

가장 부유한 사람은 절약가이고
가장 가난한 사람은 수전노이다.

— 샹포르 프랑스의 도덕론자

견실한 중견기업의 U회장과 식사했을 때의 일이다. 식사와 함께 와인이 한 잔씩 돌았다. 한 참석자는 누룩 옆에, 아니 포도밭 옆에만 가도 취할 정도로 술이 안 받는 체질이라며 잔을 받고서 입도 대지 않았다. 자, 이런 경우 당신이 호스트의 입장이라면, 혹은 술을 받는 입장이라면 어떻게 하겠는가. U회장은 자리가 파하고 일어서려는 찰나, "남은 술을 다른 사람들과 마셔도 되겠느냐"고 양해를 구한 뒤 다른 참석자와 나눠 마셨다. 피 같은 술 한 방울이라도 허투루 남길 수 없다는 농반진반을 하면서.

나는 이 모습을 보면서 정상에 오른 사람들은 허세가 없고, 작은 것조차 아낀다는 점을 느꼈다. 아끼는 것이 부끄러운 것이 아니라, 그렇지 못한 것이 부끄러운 것이란 것이 CEO 마인드다. 이는 외국인도 예외가 아니다. 특히 비단장수 왕서방, 중국 사람들의 절약 정신은 세계가 알아주지 않는가. 그것을 직접 확인할 기회가 있었다.

대만인 출신의 IT 재벌 CEO 제럴드 수 브로드 미디어 코퍼레이션 회장을 인터뷰했을 때의 일이다. 개인 제트기를 몰고 다니는 국제적 거부라는 이야기를 들었는데 인터뷰 장소는 5성호텔급이 아닌 강남 주변의 신축 레지던스 호텔이었다. 더구나 당초 약속했던 호텔의 회의실에서 그가 묵는 객실로 인터뷰 장소를 바꾸자는 전화가 비서로부터 왔다. 비서의 안절부절못하는 목소리에서 제럴드 수 회장의 의사가 반영된 게 단번에 느껴졌다. 방문을 여니 청소부 아줌마가 청소를 하고 있고, 거실 소파에는 곶감이니, 과자니 주전부리가 객실용 접시에 소박하게 차려져 있었다.

그때 방문에서 나오는 이가 제럴드 수 회장. 후줄근한 하와이안 알로하 남방에 멜빵을 했는데 벨트도 안 매어 동네 이웃집 아저씨 같았다. 아니, 얼굴에 검버섯이 군데군데 피어 있으니 할아버지의 모습이었다고 하는 것이 옳으리라.

나의 실망은 갈수록 커졌다. 기자란 직업의 좋은 점은 실례되는 질문임에도 대놓고 물어볼 수 있다는 점이다. 넌지시 돌려간답시고, "부자들의 돈 쓰는 철학은 어떻게 되지요?" 하고 물으니 역시 눈치 빠르게 직설적으로 대답했다.

"하하, 당신은 나를 보고 세계적 부자답지 않다고 생각했나 보지요? 5성호텔에 묵는 게 별건가요. 주최측이 제공하는 호텔에서 묵으며 데려가고 데려오는 것보다 오히려 이 같은 곳에 묵으니 개인적 인맥을 개척하기 더 좋고, 한국을 느낄 수 있던걸요. 많이 쓰면 많이 벌더라도 밑 빠진 독에 물 붓기란 것은 동서양 만고불변의 진리입니다. 비서가 인터뷰 장소를 회의실로 잡았다고 하기에 그냥 거실로 하자고 제가 주장했답니다. 서로 편한 게 좋을 것 같아서요. 쓰는 게 표가 안 날 정도로 재산가가 되려면 버는 1달러를 잘 간수해야지요. 투자를 잘하면 절약을 안 해도 된다고요? 천만에요. 부자를 만드는 것은 수입이 아니라 절약 습관입니다. 저는 지금도 생활비로는 미국 7년차 엔지니어 정도밖에 안 쓴답니다."

있는 사람이 더 무섭다는 말이 있다. 없는 사람은 만 원을 벌어봤자 그것이 쌓이지 않지만, 있는 사람들은 만 원만 있으면 백만 원을 채울 수 있기에 더 바들바들 떠는 것인지도 모른다. CEO들은 돈을 피같이 생각한다. 피 같다는 말을 하고 나니 한 에피소드가 생각난다.

돈은 액수보다 가치가 중요하다

일본의 저명한 머니 컨설턴트 혼다 켄이 강의하는 CEO 대상의 재테크 세미나에 옵서버로 참석한 적이 있었다. 세미나를 진행하는 연사가 참석한 이들에게 '스스로 돈을 어떻게 정의하나' 에 대해서 쓰라고 했다. 마침 내 옆에 한 중소기업의 CEO가 앉아 있었다. 나는 다른 사람들이 어떻게 쓸지 궁금했다. 우선 내 코가 석 자라 어떻게 쓸까 고민하고 있는데, 옆에 앉은 그 CEO가 3초 안에 쓱쓱 쓰는 것이 아닌가. 그의 답안을 살짝 커닝해 보았다. 그가 돈에 대해 내린 정의는 간단했다.

"돈은 피다."

그 이유가 너무 궁금해서 몰래 엿보았다는 것도 잊고선, 체면 불구하고 그 이유를 물어보았다. 명찰을 보고 아는 척하면서.

"L사장님, 돈이 피라고 하신 이유가 무엇입니까? 돈을 피처럼 쓰라는 말은 들어보았지만, 아예 피라고 말씀하시는 것은 처음 보았는데요."

그는 마치 나의 질문을 기다렸다는 듯 풀이해주었다.

"아니, 피 같다는 것은 말 그대로 피 같기만 하고 피 그 자체는 아니지 않습니까. 돈은 즉 피로서 소중하다는 뜻입니다. 인체에 피가 없으면 못 살듯이, 사람이 생활하는 데에도 돈이 없으면 살기 힘듭니다."

솔직히 여기까지는 그저 머리를 끄덕이는 수준이었다. 고개를 돌려 정면을 보려는데 그가 말을 이었다.

"돈이 피라는 것의 진짜 의미는 다음부터입니다. 소중하기는 하지만 유통시켜야 한다는 것이지요. 필요하다고 해서 자기만 움켜쥐고 있으려 하면 썩습니다. 그래서 나눠야 하는 것이지요."

이들은 돈을 피같이 아깝게 쓰지만 가두기보다는 피처럼 유통시키고자 한다. 홍청망청하기보다는 써야 할 때는 물처럼 아낌없이 쓴다. 만 원은 아끼면서도 천만 원은 거침없이 쾌척하는 이유도 여기에 있다.

CEO 전문 인터뷰를 하다보니 이들과 식사를 같이 할 기회가 꽤 있다. 이때 내가 발견한 게 있다. 보통 사람은 밥을 먹고 나서 호스트, 즉 물주를 결정하는데 대부분 CEO랑 자리를 할 때는 식사 전 일정을 잡을 때, 또는 밥 먹기 전 분명히 정한다는 점이었다. 당연히 밥 먹으며 오늘 밥값을 누가 낼까 신경 쓰고, 먹고 나서 구두끈을 오래 매는 식으로 머리 쓸 일이 없다. 한마디로 돈을 쓰는 규칙이 엄정하다는 이야기다.

돈을 피같이 생각하고 칼같이 쓴다는 것, 내가 CEO들을 관찰하며 느낀 그들의 돈 철학이다. 이들은 잡지 하나를 구독할 때도 누이 좋고 매부 좋은 식으로 좋은 게 좋은 거니까 하며 두루뭉술하게 결정하는 법이 없다. 흔히 콩나물 값 한 푼 깎으려 하면 그게 몇 푼이나 되느냐며 큰돈에서 아끼라고 한다. 하지만 내가 본 CEO들은 그렇지 않았다. 오히려 작은 푼돈에는 부들부들 떨며 동전 하나까지 셀 정도였지만 큰돈을 쾌척하는 데는 아끼지 않았다. 돈의 액수보다는 가치가 중요하다는 것을 이들은 깨닫고 있기 때문이다. 그것이 투자이든 기여든 가치가 있다고 판단될 때 이들은 아낌없이 돈을 던진다. 그런 모습을 보고 이들이 "웬만한 돈은 그까이꺼"라고 생각하며 허허실실 넘길 것이라 생각하면 오산이다. 스스로 가치가 없다고 하는 일에는 단돈 몇 푼이라도 칼처럼 자르고 자린고비처럼 벌벌 떨 것이기 때문이다. 그것이 바로 돈의 피칼 법칙이다.

Chapter 2

CEO의 자기 관리

자, 떨어져도 튀어오르는 공처럼 튀고 싶은가, 아니면 김 빠진 타이어가 되어 주저앉고 싶은가. 그것이 상대의 배신으로든, 나의 무능으로든 먼저 자신의 마음속에 있는 원망의 독을 빼버리고 실패의 원인을 복기한 게 성공한 리더들의 공통점이다. 마음에서 독을 빼고 '골짜기가 깊으면 봉우리도 높음을 명심하는 것', 그것이 바로 자기 관리의 법칙이다.

13

스트레스는 보약이다

스트레스를 처리하는 능력이 삶의 기술이다.

-- 마르셀 마르소 프랑스 작가

겨울 오징어잡이 철이 되면, 서해안 안면도에 종종 가곤 한다. 그곳에선 산(生) 오징어를 회 쳐서 그 자리에서 먹을 수 있다. 별 양념도 없이 풋고추를 숭숭 썰어 넣고 초고추장만 버무려 먹는데도 별미이다. 이곳에선 생오징어를 서울에 보내는 광경도 심심찮게 볼 수 있다.

여기서 신기한 이야기를 들었다. 서울로 배송하는 오징어 박스에 꼭 작은 참게를 한 마리씩 함께 넣는다는 것이었다. 궁금해서 그 이유를 물어보았다. 관계자의 말이 오징어가 서울에 갈 때까지 살아 있기 위해서란다. 오징어의 성질이 장난이 아니란다. 그래서 물 밖에 나오면 제풀에 못 이겨 그만 빨리 죽어버린다는 것. 하지만 참게와 함께 배송하면 물리지 않으려고 바둥대며 도망치는 사이에 자신의 성질도 잊고 산 채로 도착하게 된다. 참게에 물려 죽은 오징어는 할 수 없지만 거의 모든 오징어가 살아남게 된다는 것.

스트레스를 롤러코스터처럼 즐겨라

많은 사람들이 스트레스에 머리를 싸매고, 만병의 원인을 스트레스로 돌린다. 하지만 우리가 일상에서 겪는 크고 작은 스트레스도 바로 오징어 박스에서의 참게와 같은 역할을 한다. 각자 일상의 스트레스에 쫓기기도 하지만, 그 스트레스 덕분에 삶은 탄력이 생긴다. 현악기의 줄이 늘어졌을 때 새로 조율하는 것처럼, 스트레스는 삶에 긴장과 탄력을 준다.

CEO들이 말하는 스트레스 대응 자세에서도 바로 오징어와 참게 이야기와 같은 측면을 발견할 수 있다. 그들은 마치 오징어가 참게 덕분에 서울까지 살아서 갈 수 있는 것처럼 스트레스를 삶에 긍정적으로 활용한다. 그들은 자신이 스트레스의 전원을 끄는 순간, 삶의 재미도 사라진다는 것을 본능적으로 깨닫고 있었다. 인터뷰해보면 스트레스를 스트레스로 여기지 않기 때문에 없다고 하는 CEO도 간혹 있었다. 스트레스가 머리끝까지 찰 때가 많지만 삶의 과정이니 받아들일 수밖에 없다고 생각한다는 CEO가 많았다. 너무 힘들 때면 이 스트레스를 넘어섰을 때의 환희를 상상한다는 내용의 대답도 많았다. 어떤 CEO는 자신의 경우는 성격상 스트레스를 즐기지만 모든 사람이 그럴 수 있는지는 의문이라는 나름대로의 설명을 친절하게 붙이기도 했다.

최근 주가 하락으로 어려움을 겪고 있는 C사장을 만났다. 인사말로 "사장이지만 사실 월급 조금 덜 받고 더 받는 차이밖에 더 있나. 샐러리맨 사장으로서 스트레스를 받을 때면 그만두고 싶지 않느냐"고 농반진반 위로의 말을 건넸다. 직원 수십 명과 그에 딸린 가족들까지 생각하면 머리가 아플 것 같다는 말을 덧붙이면서.

인사말처럼 했는데 C사장은 정색을 하고 대답했다.

"순간순간은 물론 스트레스이고 힘들지요. 하지만 그 고비를 넘겼을 때의 성취감은 겪어보지 않은 사람은 모릅니다. 어떤 사람은 롤러코스터를 타보지도 않은 채 보기만 하고도 무섭다며 안 타려고 합니다. 하지만 롤러코스터가 재미있다고 돈을 내며 타는 사람도 있지 않습니까. 삶에서의 스트레스도 마찬가지입니다. 한번 스트레스를 넘고 나면 롤러코스터처럼 재미있다는 것을 알게 됩니다."

농촌 출신인 그는 스트레스가 쌓일 때면 농사짓던 어머니를 떠올린다고 말했다. 어머니는 여름철 땡볕 아래서 일하는 도중 모종거리를 끊임없이 가져오더라도 늘 즐기면서 하시더란 것. 그런 어머니의 마음을 떠올리며 일상의 스트레스를 거부하기보다는 수용하며 살겠다는 다짐을 했다고 했다. 스트레스를 다스리기 위한 나름대로의 방법은 다양하다. 휘파람을 불기도 한다. 휘파람을 불면서 스스로의 마음을 경쾌하게 만드는 것이다. 단, 스트레스를 어떤 방법으로든 해소하는 것은 중요하지만 남에게 표현하는 것은 절대 금물이다. 머릿속 스트레스가 입 밖으로 표현되는 순간, 현실로 구체화되어서다. 또 나중에 스스로 한심하고 그것 자체가 스트레스를 확대 재생산하기 때문이다.

많은 자수성가 CEO들에게 스트레스는 놀잇감이었다. 물론 참게의 집게가 바짝 당아 물릴 것처럼 숨이 막힐 것 같았다고 고백한 경우도 있었다. 그런데도 그들은 스트레스의 크기와 성공의 크기는 비례 관계라고 생각한다. 작용과 반작용에서 성공하기 위해, 또는 성공을 누리기 위해 겪어야 할 의무라고 받아들이며 수용하는 것이다. 항구에 정박한 배가 되어 별다른 스트레스 없이 머물기보다는 거센 파도에 맞부딪혀가며 파도를 헤쳐나가는 배에 오를 것을 선택한 게 오늘의 그들을 만들었다. 배가 배로서 기능하는 것은 멈춰 있을 때가 아니라 파도를 가르며 움직일 때이다. 그러기 위해선 스트레스라는 파도가 필요하다.

얼마 전 진대제 전 정통부장관의 특강 '알파벳으로 보는 100점짜리 인생의 조건' 이 인터넷에 소개되며 폭발적 인기를 끈 적이 있다. A는 1, B는 2, C는 3…… Z는 26' 같은 방식으로 A부터 Z까지 점수를 매겨 인생을 명품으로 만드는 조건의 단어를 도출하는 것이다. 우리가 흔히 떠올리는 '운' 을 뜻하는 단어 'LUCK' 의 경우 '(L=12)+(U=21)+(C=3)+(K=11)' 이므로 합계는 47점에 불과, 100점에는 턱없이 부족하다. LOVE(사랑)는 54점, MONEY(돈)도 74점밖에 안 된다. 그가 제시한 답은 "삶을 100점짜리로 만들기 위해서는, ATTITUDE[태도, 자세 : (A=1)+(T=20)+(T=20)+(I=9)+(T=20)+(U=21)+(D=4)+(E=5)=100]였다.

강연 내용도 흥미로웠지만 그 뒤에 붙은 사족 아닌 사족이 눈길을 끌었다. 태도(Attitude)뿐 아니라 스트레스(Stress)도 덧셈을 해보면 100점이 돼 명품 인생의 조건이 된다는 말이었다.

이 강연 내용을 전해주니 한 사장이 당연하다는 듯 맞장구를 쳤다.

"그럼요. 삶에서 스트레스는 보약과도 같지요. 스트레스를 스트레스로 받아들이는 사람은 발전하기 힘들지요."

스트레스가 게가 되어 바짝 긴장하게 해주든, 보약처럼 원기를 회복하게 해주든 중요한 것은 CEO들은 스트레스를 성공의 관문이자 후원자로 기꺼이 환영했다는 점이다.

판단이 어려울 때면 자신의 묘비명을 떠올린다

14

나는 이것(죽음)을 예상하고 있었다.
그러나 이렇게 빨리 오리라고는 생각하지 않았다.

-- 어느 묘비명

대서사 영화 〈트로이〉를 보면 반인반신의 명장 아킬레스가 인간인 여사제를 사랑하게 된다. 그는 여사제와 짜릿한 키스를 나누기 전 이런 말을 한다.

"신은 인간을 질투하신다. 왜냐하면 인간에겐 죽음이 있기 때문이다. 죽음이 있기에 인간에겐 순간순간이 최후의 순간이다."

영웅이 영웅다운 것은 보통 사람보다 얼마나 죽음과 생의 경계에서 결단하는 순간이 많으냐가 아닐까. 바꾸어 말해 죽음을 인식, 순간을 소중하게 생각지 못하는 사람은 신이 질투하지 않을지 모른다.

'호랑이는 죽어 가죽을 남기고, 사람은 죽어 이름을 남긴다.'

그럼 과연 나는 무엇을 남길 것인가, 죽어서 나는 어떻게 기억될 것인가를 생각하면 해답이 나온다는 것이다. 내 묘비명을 어떻게 쓸 것인가를 생각하면 어떻게 결단내려야 할지 판단이 선다는 이야기다.

우리 속담에 '죽은 정승이 산 개만 못하다' 는 말이 있다. 사후에도 좋은 평가를 받는다는 것은 결코 호락호락한 일만은 아니다. 성공에 대한 정의를 물었을 때 "성공=문화" 로 자신이 이루어놓은 일이 자신의 진퇴와 상관없이 조직에 문화로 정착하는 것이라고 말한 CEO들이 많았다. 당장의 강한 영향력보다 더 중요한 것은 오래가는 것이란 해석이다.

단지 돈을 많이 번 사업가였던 알프레드 노벨이 노벨상을 제정, 세계적 인물로 업그레이드 될 수 있었던 것도 바로 자신의 부고 기사를 보고 자극받았기 때문이다. 성이 같은 형의 죽음을 노벨로 착각한 한 프랑스 기자가 오보를 내 부고 기사에 '죽음의 사업가, 파괴의 발명가' 란 제목을 뽑았던 것. 자신의 부고 기사를 살아서 보는 가상 체험(?) 덕분에 그는 삶을 재설계, 새로운 이력서를 써나갈 수 있었다.

생뚱맞은 이야기만은 아니다. 성인이신 공자마저 "삶을 잘 알지 못하는데 죽음까지 미리 이야기할 필요가 어디 있겠느냐" 고 말씀하셨지만, 죽음 그 이후를 생각하며 삶을 사는 태도와 현재의 삶에 목매느라 영원한 가치를 포기하고 발밑만 보고 사는 태도는 많은 차이가 있다.

작은 욕심을 버리고 큰 욕심을 취하라

CEO들은 극도의 긴장과 결단에 시달린다. 특히 이익이 배치되는 이해집단을 조정, 누군가의 욕을 먹어야 하고, 자신의 사인 하나에 수십, 수백 사람의 밥줄이 이어졌다 끊어졌다 하는 것을 생각하면 등골에 땀이 흐른다. 외로워도 누구와 나눌 수 있는 외로움도 아니다. CEO들은 이런 결단의 순간에 전문가의 식견을 넘어 최종적으로 고려하는 게 사후의 평판이라고 말한다.

"어려운 일, 판단의 가닥이 잡히지 않을 때는 인생의 끝을 생각해봅니다. 인생의 끝을 생각하면 욕심을 내야 할 일과 내지 말아야 할 일이 분명해집니다. 눈앞의 이익보다 더 가치가 있는 것은 오래가는 것입니다. 돈, 지위를 무덤까지 지고 가는 것은 아니지 않습니까."

김효준 BMW코리아 사장의 말이다. 덕수상고 출신의 그는 글로벌 CEO로 유명한 인물이다. 아시아계로선 최초의 본사 임원으로 뽑혀 인정받고 있다. 그는 BMW코리아에서 일하기 전에 한국 신택스란 회사에서 일했다. 하지만 그 회사가 다른 외국인 회사에 인수 합병되면서 직원들이 낙동강 오리알이 돼버린 것. 인수 합병의 과정에서 그는 손에 피를 묻히는 악역을 담당해야 했다. 피바람 속에서 유일하게 살아남은 임원으로서 당시 동경지사장으로 임명돼 그 혼자만이 살아남을 것이라는 첩보가 나돌 때였다.

그는 자신의 안위와 상관없이 인센티브를 모두 포기하고, 직원들의 이력서 수십 장을 갖고 구직을 위해 발바닥이 닳도록 헤드헌터를 찾아다녔다. 이같이 눈앞의 이익을 생각하지 않은 신뢰의 리더십이 결국 그를 살렸다. 전 직장에서의 일을 마무리한 뒤 지원한 BMW코리아 최종 면접까지 잘나고 화려한 경력들 사이에서 들러리처럼 끼게 된 그였지만, 이 신뢰의 리더십이 높은 점수를 얻은 것이다. 당장 자기 코가 석 자인데도 불구하고 남까지 챙길 겨를은 죽음 이후의 평판을 염두에 두는 태도에서 나왔다.

나는 CEO들을 인터뷰할 때 "당신의 묘비명이 어떻게 적히길 바라느냐"는 질문을 종종 던지곤 한다. CEO들은 의외로 순순히 응답을 내놓았는데, 늘 죽음을 염두에 두고 산다는 말을 덧붙여 놀랐다. 김창일 아라리오 그룹 회장은 "내가 죽음을 늘 생각하고 산다는 말을 하면 주변 사람들이 질색한다"면서도 죽음을 염두에 두기에 하루하루 사는 것이 고맙고 오히려 열심히 사는 동기가 된다고 말했다. 죽음에 대한 생각을 끼고 사는 것이 불길하거나 불안한 정신 상태가 아니란 설명이다.

"죽음을 염두에 두면 오히려 삶이 풍성해질 수 있습니다. 각자에게 주어진 시간은 제한되어 있는 만큼 인생을 허비하면서 살지 말아야겠다는 생각을 다지게 됩니다. 그러니 오히려 하루하루를 충만하게 살 수 있지요."

삶이란 먼 길이고, 오래 걸리는 여행이다. 더 쉬워 보이고 더 빨라 보이는 것을 택하고 싶은 유혹이 작은 욕심이라면, 죽은 뒤 남을 것과 남길 것을 생각하는 것은 큰 욕심이다. 큰 욕심을 갖고 생각하면 생각의 줄기가 잡힌다. 그래서 애플컴퓨터의 공동 창업자 스티브 잡스는 암 선고를 받은 뒤 재기해서 이런 말을 했는지 모른다.

"죽음은 인간이 발명한 최고의 걸작품이다."

원망과 미움이란 독을 용서와 분발이란 약으로 승화시킨다

15

분노를 품고 있는 것은 독이에요. 그것은 안에서 당신을 잡아먹지요.
흔히 분노는 우리에게 상처를 준 사람들을 공격하는 무기처럼 생각되지만
증오는 굽은 칼날과 같아요. 휘두르면 우리 자신이 다쳐요.

-- 미치 앨봄 방송인 · 칼럼니스트

시드니 폴락 감독의 영화 〈인터프리터〉를 보면 강물 재판이란 이야기가 소개된다. 아프리카 한쪽의 마토바공화국. 민주 투사 출신 주와니가 대통령의 권좌에 오른 뒤, 무자비하게 정적을 살해하자 각지에서 민주화 투쟁이 일어난다. UN에서 통역사로 일하고 있는 실비아(니콜 키드먼 분)은 자신이 태어난 공화국의 독재자 주와니의 방미를 앞두고 우연찮은 일에 얽혀 암살 모의 용의자 선상에 오른다. 연방수사관이 "당신의 아버지와 오빠가 살해된 분노 때문에 독재자를 암살할 계획을 세웠느냐"고 심문하듯 따진다. 이때 실비아가 자신은 범인이 아니라고 변호하면서 마토바의 풍속이라며 소개하는 강물 재판의 이야기가 가슴에 와 닿았다.

"사랑하는 누구를 잃으면 복수를 원하게 되죠. 신에게라도 꼭. 하지만 슬픔을 잊는 유일한 길은 한 생명을 구하는 것이랍니다. 그곳 마토바에서는 온몸을 결박한 살인범을 강물로 데려갑니다. 강물에 빠져 죽게 하거나, 건져서 구하거나 선택은 유족의 몫이지요. 살인범이 돌을 잔뜩 매단 채 강물에 가라앉아 죽게 놔두면 정의는 실현되겠지만, 오히려 평생 슬픔 속에서 헤어나오지 못하게 됩니다. 분노를 버리고 그를 구해주면 자비가 슬픔을 거둬가는 법이랍니다."

배신과 원망을 경영하라

살면서 이같이 복수를 감행할 큰 고통까지는 아니더라도 주위를 원망할 크고 작은 일을 종종 겪게 된다. 믿었던 친구에게 배신을 당하기도 하고, "도대체 왜 나만! 내가 무엇을 잘못했기에?"를 연발하며 회사의 불만스런 처우, 내 노력에 대한 적절하지 못한 보상에 울분이 쌓이는 경우도 있다. 분노와 원망에 허우적거리며 상대방을 원망하는 것이야말로 인생 패배자들의 공통점이라면, 인생 승리자의 공통점은 원망과 미움이란 독을 용서와 분발이란 약으로 승화시켰다는 점이다. 정상에 선 이들은 원망에 빠져 있기보다 그것에서 탈피, 대처한 방안이 달랐다.

사람들을 만나 이야기하다보면 높은 사람이나 낮은 사람이나 가장 큰 상처로 꼽는 것은 배신이다. 그것이 조직이든 사람이든 신의를 다 바친 곳에서 인정받지 못하고 등돌림을 당했을 때의 분노는 견디기 힘들다. 재산을 잃은 것이 눈물나는 것이라면 사람을 잃은 것은 피눈물 나는 것으로 강도가 훨씬 높다. "너, 여기 내 가슴속에 있다"는 말은 연인 사이에 속삭이면 밀어지만, 원수 사이에 속삭이면 마음의 독이 된다. 이때가 바로 가장 위험할 때이다. 원망을 현명하게 다스릴 때, 성공의 단계로 올라설 수 있다.

CEO들은 많은 사람과 함께 일하는 만큼 배신의 횟수도, 경험도 풍부하다. 배신과 원망을 얼마나 현명하게 경영했느냐가 바로 성패의 갈림길이 되는 경우가 많았다. A사장은 해외 출장을 나가 있는 사이, 부사장이 핵심 직원을 모두 뽑아내 새로운 경쟁 회사를 만들어 나가는 황당한 시련을 겪었다. 군대로 치면 거의 쿠데타인 셈이다. 그 이후로 어렵사리 회사를 추스른 A사장은 직원을 못 믿고 모든 회사 기밀은 혼자서 꿍꿍이로 처리한다. 사람을 뽑을 때도 PC방에서 헤드헌터를 무선 접선하듯 만나 소곤소곤 중대 결정을 내린다. 다시는 배신당하지 않겠다는 각오하에 생긴 습관이다. 그럴수록 그는 직원들로부터 멀어지고, 소외될 것은 뻔한 이치다.

실패와 추락을 명품 인생의 발효균으로

자신의 이름을 내걸고 직영 사업을 하는 B사장. 그는 절친하게 지내는 Y씨로부터 그의 이름을 건 일종의 프랜차이즈 사업을 하고 싶다는 제의를 받았다. 서로 아는 처지에 이름쯤 빌려주는 것이 대수랴 생각했다. 하지만 문제는 그 후 발생했다. 범새끼를 키운 것. 브랜드를 빌려 어느 정도 경영을 배우자 바로 독립을 선언하며 같은 시장에서 경쟁 파트너로 맞붙게 되었다. B사장의 마음고생은 이루 말할 수 없었다. 7개 종합 일간지를 단신까지 다 훑지 않으면 입 안에 가시가 돋는다던 그는 신문 읽기는 고사하고 침식을 못 할 정도였다. 전화도 안 받고 두문불출했다.하지만 몸져 누워 있던 그의 머리에 불현듯 '이대로 있다가 내 몸 상하면 누구만 좋게' 란 생각이 들더란 것. '이렇게 스트레스 쌓이면 암으로 된다는데. 마음고생하는 것도 억울한데 몸까지 병들면 정말 큰일' 이란 생각을 하며 자리 수습을 하고 일어났다. 용서까지는 안 되더라도 잊고 내 일에 몰두하는 게 남는 것이란 생각에서였단다.

사실 불치병인 암도 결국은 스트레스가 원인이다. 마음을 통제할 수 있는 것, 그 중에서도 점 하나를 뚝 뗀 미움을 통제할 수 있다는 것은 인생 승리에서 필수 요소다. 최고의 성공을 거둔 사람들은 위기에 처했을 때 마음의 통제가 무엇보다 중요함을 잘 알고 있다. 그들은 원망과 배신이 자신의 운명을 덮칠 때 반역하기보다는 흐름에 맡기며 수용한다.

모 금융기관의 중견임원 A씨. 아침 일찍부터 저녁 늦게까지 그야말로 몸이 부서져라 일했건만, 지방으로 좌천 근무 발령이 났다. 물론 속으로는 부아가 치밀었지만 순간 자신의 마음을 다스렸다. 3년간 지방의 한직으로 좌천되어 '칩거' (?)하며 박사 과정을 밟았다. 그곳에서 박사 과정을 밟은 것이 경력에 플러스가 되어 다른 직장을 구하는 데 플러스 알파로 작용했다. 전화위복은 남이나 상황을 탓하지 않고 그대로 수용하며 파도타기를 할 때 만들어진다. 동네방네 탓하고 욕하는 순간, 악운은 '따따블' 이 된다.

또다른 이야기를 하나 더 소개하자. 직장에서 때로 부당하게 평가받는 것은 샐러리맨에게는 언제고 벌어지는 일이니 어쩌면 각오해야 하는 일이다. 비슷한 시기에 입사하여 앞서거니 뒤서거니 승진 가도를 달리던 A

와 B가 있었다. 그런데 부장 자리의 수는 정해져 있는 법. 마치 미스코리아의 진, 선을 두고 긴박한 발표의 순간이 이어지듯, 그런 긴장의 시간을 넘어 결국 B는 승진에서 탈락했다. B로선 그 상황을 도저히 용납할 수 없었다. 샐러리맨들이 인사 불만에 대해 전가의 보도처럼 내미는 게 결근. 그 역시 자리보전하고 누웠다. 찾아온 직장 사람들에게마다 B는 하소연을 해댔다. 내가 A보다 부족한 것이 도대체 뭐냐고. 영어도, 업무 실적도 그보다 뛰어나다고. 그때 그의 넋두리를 듣던 동료가 했다는 소리가 정답이다.

"자네가 자리보전하고 애처럼 응석을 부리는 게 바로 A보다 모자란 점이라네."

스타 CEO 김재우 아주그룹 부회장. 한때 백만 불의 사나이란 별칭으로 불리며 중동 특수의 역군으로 불리던 그였지만, 30년간 일한 삼성에서 옷 벗고 나와야 했을 때는 막막하기만 했다. 인사철이 1월이다보니 마음도 추운데 날씨까지 눈보라가 쳤다. 그는 지구 정반대편에 있는 따뜻한 나라 호주로 부부 해외여행을 떠났다. 그리고 자신의 삶을 돌아보며 성공과 실패의 의미를 복기해보았다.

"어, 내가 왜 아래로 구르게 됐지? 이유는 뭐지? 아내와 함께 여행을 가서 여러 가지로 깊이 생각해 보았지요. 아마 그 시절의 사색이 없었더라면 오늘날의 내 모습은 없었을 것입니다. 성공을 향해 달려나가는 열정은 나를 어느 특별한 봉우리로 오르도록 이끌어주었을지 모르지만, 추락은 내가 보다 더 높은 곳에 닿을 수 있도록 도와주었다고나 할까요. 이를 통해 나는 세상과 인간을 바라보는 새로운 눈을 갖게 되었습니다. 만일 그 추락을 제대로 활용하지 못하고 남 탓만 했더라면 나는 결코 '인생의 발효'가 무엇인가 알지 못했을 것입니다."

자, 떨어져도 튀어오르는 공처럼 튀고 싶은가, 아니면 김 빠진 타이어가 되어 주저앉고 싶은가. 그것이 상대의 배신으로든, 나의 무능으로든 먼저 자신의 마음속에 있는 원망의 독을 빼버리고 실패의 원인을 복기한 게 성공한 리더들의 공통점이다. 마음에서 독을 빼고 '골짜기가 깊으면 봉우리도 높음을 명심하는 것', 그것이 바로 자기 관리의 법칙이다.

자기 관리의 지혜가 없는 인생은 늘 위험하다. 자기 관리의 지혜를 통해 이 미움과 원망의 독을 늘 빼내야 한다. 독은 남을 해치기 전에 나를 해치기 때문이다. 성공과 자기 극복은 결코 남이 대신해 줄 수 없다.

자신과의 약속이 제일 무섭다

16

자기 자신도 이끌지 못하면서
어떻게 다른 사람을 이끌려고 하는가?

— 헤르만 지몬 독일의 경제학자

종종 언론에는 어려웠을 때 빌린 돈을 성공한 뒤에 이자 붙여 갚았다는 독지가의 미담 기사가 등장하곤 한다. 과연 이 사람들은 성공했기 때문에 그 어려웠던 시절의 돈을 갚을 수 있었던 것일까.

나는 여기에 조금 생각을 달리한다. 오히려 순서가 바뀌었다는 생각이다. 그 어려운 시절의 빚을 갚고야 말겠다는 독한 마음이 있었기에, 오늘날 그 자리에 서서 훈훈한 휴먼 스토리의 주인공이 될 수 있었다는 이야기다. 보통 사람은 남과의 약속을 자신과의 약속보다 무섭게 여긴다. 하지만 성공한 사람들은 자신과의 약속을 남과의 약속보다 더 무섭게 여긴다.

한번 한 약속은 반드시 지킨다

저술 활동을 하는 L에게 들은 이야기다. 평소에 안면이 있는 중소기업 CEO가 "나중에 책을 내면 책을 100부 사겠다"는 말을 했다고 한다. 내 친구는 그의 말을 지나쳐 들었다. 당시만 해도 책을 내고 싶다는 생각만 했지, 정말 내게 될지조차 불분명한 상태여서 정작 책을 내고는 자기도 잊어버렸다는 것. 그런데 그 CEO에게 연락이 왔고, 정말 100권의 책을 샀다는 것. L의 책은 그 CEO의 업종이나 고객과 별 관련이 없는 책이라 그는 극구 사양했다. 그러다 그 CEO가 부득부득 사겠다고 하는 이유가 궁금해졌다.

"제가 올해 지켜야 할 약속 중 하나로, 당신이 책을 내면 사겠다고 마음속으로 나와 약속을 했답니다. 책을 산다는 것은 당신과 한 약속이 아니라 바로 나와 한 약속이며, 그 약속을 지키기 위해서도 꼭 책을 사고 싶습니다."

이때는 이때고 그때는 그때고, 보통 사람들은 남과의 약속에서도 못 지킨 것에 대해 핑계와 변명이 많다. 하지만 CEO들은 자신과의 약속을 한 단계 한 단계 지키고 다져오며 그 자리에 올라왔다. 차라리 약속을 많이 하지 않을망정, 한 약속은 반드시 지킨다는 게 그들의 공통된 특징이다.

벤처사업가 1세대 조현정 비트컴퓨터 회장은 검정고시로 중학교 과정을 패스한 자수성가 기업가. 그 역시 독한 마음을 먹고 자기와의 약속을 지켜온 것에 있어서 둘째가라면 서러운 CEO이다. 한여름 복더위에 검정고시 공부를 하는데, 당시 그의 영어 실력은 알파벳도 처음부터 노래를 불러야 찾을 수 있을 정도. 스스로 합격할 때까지는 절대로 대문 밖을 나가지 않겠다고 약속했단다. 그런데 하루는 대문 밖에서 싸움이 났는지 시끄럽더라는 것. 싸움 구경과 불구경만큼 재미있는 구경거리도 없는 터에 나가서 보고 싶은 마음이 굴뚝같았다. 스스로 한 약속은 지켜야겠고 해서 꾀를 낸 것이 대문 난간을 잡고 발은 집 안에 둔 채 상체만 위로 내밀어 싸움 구경을 하는 것. 이렇게 노력한 끝에 검정고시를 패스했음은 물론이다. 그는 "만일 그때 스스로와의 약속을 저버리고 대문 밖으로 나갔더라면 오늘의 비트 컴퓨터를 이루지 못했을 것"이라고 술회한다. 그래서 그는 자신이 운영하는 장학 재단에서 제시하는 조건 중에 담배를 피우지 말아야 한다는 조건을 내걸고 있다. 스스로와의 약속을 지킬 수 있는 사람만이 큰사람이 될 수 있다는 자신의 지론 때문이다.

결국 인생의 승부는 자기와의 싸움이다. 세상에서 제일 무서운 적은 바로 자기 자신이다. 자기 자신을 이길 수 있는 사람은 세상이 두렵지 않다. 남이 나를 무너뜨릴 수 없다. 궁극적으로 자기를 무너뜨리는 사람은 조직도, 권력도 아닌 바로 자기 자신이라는 것을 이들은 깨닫고 있다. 이래도 흥, 저래도 흥 하며 자신을 너그럽게 용서하는 사람은 삶의 CEO가 되기 어렵다. 자신이 믿어주지 않는 사람을 남이 믿어줄 리는 없기 때문이다. CEO들이 아침에 일찍 일어나고, 운동을 규칙적으로 하는 등 자기 관리를 할 수 있는 것도 바로 자신과의 약속을 가장 무섭게 여기기 때문이다. 자기를 채찍질하지 않는 사람은 한 줌의 성취도 이루기 어렵다.

17 잘나가는 때일수록 위기 탐지 안테나를 높이 세워놓는다

기업이 저지르는 실수의 대부분은
사업이 안 될 때가 아니라 사업이 잘 될 때다.

···알프레드 헤르하우젠 전 도이치방크 대표이사

위기의식은 1등 기업 CEO의 전매특허다. CEO들에게 위기의식은 일상화되어 있다. 삼성, 포스코 등 오히려 잘나간다는 굴지의 대회사들 CEO일수록 "지금 잘나가는 때가 바로 위기"이며 "현재의 영광에 안주하는 성공의 덫이야말로 내부의 적"이라고 강조한다. 지금은 공장의 연기가 힘차게 솟아오르는 등 번성하고 있지만, 폐허의 빈터에서 망연자실 바라볼 수 있어야 한다는 극언까지도 서슴지 않는다. 직원들로 하여금 위기 탐지 안테나를 높이 세우고, 불안한 미래에 대비하게 하기 위해서다. 또 하나는 아직 남들이 보지 못하고 있지만 CEO의 눈에는 분명 보이는 미래가 있어서 그럴 수도 있다.

기회가 위기다

흔히 "위기가 기회"라고 말한다. 하지만 CEO들의 사고방식은 그 순서가 바뀌었다. "기회가 위기"라고 생각한다. 그래서 정말 문제 있을 때보다도 기업과 개인이 번성할 때 더 바짝 긴장한다.

위기를 기회로 바꾸는 것이 에너지라면, 기회를 위기로 받아들이는 것은 각성이다.

국내 부동의 1위 온라인 리쿠르팅 업체 잡코리아의 김화수 사장. 자본금 5천만 원에서 출발한 연매출 100억 원대의 닷컴기업이 무려 1천억 원의 가치를 평가받으며 매각되어 화제의 주인공이 되었던 CEO다.

오랜만에 만난 그에게 축하의 인사를 건넸다. 지금도 8시에 출근, 밤 12시에 들어간다는 그에게 "예전에 홍수 났을 때 지하실에 벽돌 괴어 컴퓨터 올려놓고 일하던 시절에서 탈피, 이제 살 만해졌는데 굳이 그럴 필요 있느냐"는 말을 짐짓 던져보았다. 지난번 인터뷰 때 10억 부자론을 꺼내며 "부자가 되면 하고 싶지 않은 것을 안 할 자유가 있지 않느냐"는 질문에 "하고 싶지 않더라도 해야만 하는 것을 해냈을 때의 성취감에 비하면 그런 자유는 비교가 안 된다"고 받아쳐 나를 부끄럽게 했던 그였다.

중국 출장을 다녀와 바로 출근한 터라 얼굴이 까칠한 그는 고개를 저으며 말했다.

"저는 우리 회사 자산이 얼마인지는 잘 모릅니다. 회사 매출을 매일 계산하는데 심지어 1억~2억 원씩 차이가 나도 눈치 채지 못할 정도이지요. 하지만 전일 대비 매출액 증감에 대해선 몇만 원조차 신경을 곤두세웁니다. 일일 매출액의 증감이 바로 회사의 성패를 반영하는 지표이니까요."

그는 CEO의 습관을 물어보는 나의 질문에 '외줄타기'란 비유로 답변했다.

"좋을 때나 나쁠 때나 늘 외줄타기를 한다고 생각합니다. 그렇게 정신집중을 하면 한 줄기 산들바람에서도 위기의 기미를 느낄 수 있지요. 평지를 편하게 걷는다고 생각해보십시오. 강도 높은 지진이 아니면 잘 느끼지도 못할 겁니다. 위기의식을 가지고 집중하니 내부, 외부의 작은 시그널이 끊임없이 더듬이에 잡히지요. 잘나갈 때 정보를 오히려 놓치기 쉬운 법입니다."

위기는 기미를 포착, 대비하는 게 방어 포인트다. 김 사장은 이를 정보총량의 법칙으로 명명한다. 눈으로 얻는 정보가 즐거운 정보라면 귀로 듣는 정보는 리스크를 결정, 취사선택해야 하는 쓴소리 정보다.

문제는 두 가지 종류의 정보 총합이 일정하다는 것. 즉, 눈으로 보는 정보가 증가하면 쓴소리 청각형 정보는 감소하게 되어 있고, 눈으로 즐기는 오락형 정보가 감소하면 귀로 듣는 청각형 정보는 증가하게 되는 반비례 관계다.

"저의 경우 회사가 잘 운영될 때 일부러 눈을 감아줍니다. 쓴소리의 청각형 정보를 탐지, 귀 기울여 듣기 위해서지요."

그의 더듬이 법칙 이야기가 계속되었다. 더듬이를 높이 세울수록 잡히는 정보는 많아질 수밖에 없다. 처음에는 힘들지만 능숙해질수록 처리속도와 축적 용량도 커진다는 것을 경험에서 얻었다.

"위기의식은 변화와 혁신과도 직결됩니다. 개인이나 기업이나 지금

이대로는 안 된다고 생각하면 내일을 대비할 수밖에 없지 않겠습니까."

CEO들은 잘나가는 때일수록 더듬이를 높이 세우고 위기의 기미에 주파수를 맞춘다.

18 CEO의 목표 이루는 방법

꿈을 날짜와 함께 적어놓으면 그것은 목표가 되고,
목표를 잘게 나누면 그것은 계획이 되며,
그 계획을 실행에 옮기면 꿈은 실현되는 것이다.

— 그레그 S. 레이드 캘리포니아 주 샌디에이고의 광고 및 관측 전문회사 워크스마트의 창립자

원대한 초일류 목표를 세울 것인가, 아니면 하루를 충실히 살다보면 언젠가는 내가 바라는 그날이 올 것인가. 목표 하면 으레 인용되는 게 하버드 MBA 학생들의 10년 후 미래 비교 조사 결과다. 1979년 하버드 MBA 재학생들을 대상으로 조사했는데, 뚜렷한 목표를 세우고 그것을 달성할 구체적인 계획을 글로 적어둔 학생은 전체의 3%였고, 13%는 목표는 있지만 종이에 기록하지 않았으며, 84%는 졸업 후 여름휴가 즐기기 외에 별다른 계획이 없었다. 10년 후인 1989년 질문에 답했던 졸업생 인터뷰 결과, 목표를 세웠던 13%가 나머지 84%보다 두 배의 수입을 올리고 있었고, 분명한 목표를 종이에 기록한 3%는 97%의 졸업생보다 평균 열 배의 수입을 올리고 있더란 게 그 골자다. 하지만 이 같은 원대한 장기 커

리어 맵 프로젝트 이야기에 대한 반대 이론도 만만치 않다. 자신의 목표를 가진 사람들은 융통성이 적고 스스로 그것에 구속당하기 때문에, 오히려 자신은 물론 주위 사람도 피곤하게 한다는 것이다.

과연 우리나라의 최고경영자들은 어땠을까. 될성부른 나무는 떡잎부터 다르다고 신입사원 시절부터 CEO가 되겠다는 야심찬 포부를 가졌던 것일까. 내가 만나본 최고경영자들 가운데는 신입사원 시절부터 CEO를 목표로 한 이들도 있는가 하면, 그때그때 단계별로 열심히 하다보니 어느덧 자신도 모르게 CEO가 되었다는 사람들이 거의 비등했다.

호랑이를 꿈꾸면 고양이라도 그린다

CEO를 일찍이 꿈꾸면 좋은 점은 신입사원 시절부터 품성을 남다르게 가다듬을 수 있다는 것이다. 자리가 사람을 만든다고, 일찍부터 CEO 마인드를 가진 사람은 결국 CEO가 된다는 자성(自成) 주장이다.

유상옥 코리아나 화장품 회장은 신입사원 시절부터 CEO 마인드를 가지는 것이 중요하다고 강조하는, 말하자면 떡잎 강조파다. 내가 이 회사의 CEO다 생각하다보면 저절로 회사의 큰 그림을 보게 되고, 거시적으로 생각하게 된다는 것이다. 작은 이익에 연연하지 않고, 야근을 하더라도 남이 시켜서 하는 게 아니고, 내 일이다 하는 주인 의식으로 열심히 할 수 있다는 것이다. 신입사원 때부터 CEO 마인드를 가지면 반드시 남다른 점이 있으므로 일찍이 CEO 목표를 세우는 게 좋다는 조조익선(早早益善)이 그의 지론이다.

예를 들어 직장에서 어디까지 진급하고 싶으냐는 목표 설정치에서 벌써 근무 태도가 달라지더란 게 그의 다년간 분석 결과다. 신입사원을 보면 돈 벌기 위해 왔다는 부류, 시키면 시키는 대로 뭐든 열심히 하겠다고 말하는 부류, 그리고 자신의 꿈을 이루기 위해 지원했다는 부류가 있는데 이들 부류는 승진 목표를 CEO로 자신 있게 지망하더란 것. 그 이후의 모습을 관찰해보니 아니나 다를까, 회사 특근이 있으면 1번 부류는 늘 약속이 있게 마련이고, 2번 부류는 눈치와 대세에 따라 마지못해 합세하는 반면, 이들 CEO 지망파는 기쁘게 자원하는 게 공통적 특징이더란 이야기다. 회사 보고서 제출 태도에서도 당연히 차이가 난다. 1번 그룹은 데드라인이 지났는데도 "못 한다. 사정이 생겼다"고 핑계가 많다. 부장까지 오르겠다는 현실 안주파는 시간을 가까스로 맞춘단다. 반면 3번 CEO파는 마감 대여섯 시간 전에 일을 마치고 상사에게 고칠 것, 보완할 것을 미리 물어보는 기민성과 완벽성을 과시한다.

"저는 장기적이고 원대한 목표는 필요하다고 봅니다. 그런 사람은 늘 긍정적이고 적극적입니다. 이들이 1, 5, 10년 후에 엄청난 차이를 보일 것은 물어보지 않아도 뻔한 이치입니다."

호랑이를 그리려다보면 고양이를 그릴 수 있다. 하지만 처음부터 고양이를 그리려 하면 생쥐도 못 그리고 삶을 마칠 수 있다는 이야기다.

현재에 충실하면 미래는 열린다

반면에 원대한 비전 수립 대신 현재에 충실할 것을 주문하는 CEO도 적지 않았다. 이른바 계단론이라고나 할까.

"제가 10년 전 의사를 그만두고 회사를 차리면서 생각했던 게 장기 계획은 부질없다는 것이었습니다. 저는 아주 어릴 적부터 의사이신 아버님을 바라보면서 저 역시 백발이 성성하고 흰 가운을 입은 의사가 될 거라 굳게 믿었습니다. 그러나 최선을 다해 살다보니 오히려 의사를 그만둬야 하는 상황이 오더군요. 그때 매순간 최선을 다해 열심히 살다보면 길은 저절로 정해진다는 신념이 생겼습니다. 열심히 공부하다보면 어느 길로 가야 할 것인지에 대한 결정이 자연스레 이뤄지리라 믿습니다."

안철수 연구소 이사회 안철수 의장이 언론과의 인터뷰에서 한 말이다. 최선을 다해 길을 가다보면 어느 날 문득 목적지에 다다르게 되어 있다는 현재 충실파다. 윤병철 전 우리 금융그룹 회장은 '은행에 처음 입사해선 신입사원 중에 최고, 과장이 되어서는 과장 중에 최고가 되겠다'는 마음을 먹고 일했다고 말한다. "저 너머 정상을 넘보기보다는 항상 현재 속한 집단에서 최고로 우수하겠다는 생각을 하며 한발 한발 전진하다보니 은행장이 되어 있었다"고 회고한다. 커다란 장기 커리어 플랜은 없을지라도 적어도 속한 그룹 내에서는 최고가 되겠다는 노력은 게을리 하지 않았다는 것. 한마디로 CEO란 되고 싶다고, 하겠다고 해서 되는 자리가 아니라 어느 날 문득 도달하는 자리란 설명이다.

그는 등산할 때 정상을 빨리 정복하는 기쁨보다는 쉬엄쉬엄 올라가며 주위도 둘러보고, 들꽃도 구경하는 게 더 재미있지 않겠느냐는 비유로 호랑이 목표파를 경계했다. 직장에서 여러 부서를 거치거나, 다른 경력으로 전환할 때 목표에 대한 강한 집착을 버렸기에 오히려 여러 기회를 잡는 데 유리했다는 이야기도 빠지지 않았다.

김재우 아주그룹 부회장은 이에 대해 변증법적 답안을 제시한다. 그가 사무실을 옮길 때도 반드시 달고 다니는 보물 1호가 '착안대국 착수소국(着眼大局 着手小局)' 이란 휘호가 적힌 액자. "눈은 멀리 두되, 당장 손은 사소한 일에까지 열심히 하라"는 뜻이다. 멀리 별을 보다가 발 밑의 맨홀을 못 봐 빠진다면 말짱 도루묵이란 이야기다.

"목적지를 가는 데 있어서 알아야 할 것은 두 가지입니다. 내가 지금 어디를 가고자 하는 것인가와 내가 현재 어디에 있는가입니다. 전자와 후자 모두 같은 비율로 중요하지요. 어디를 가고자 하는지 모른다는 것은, 비유하자면 버스를 타려고 하면서 어디로 가야 할지 모르는 것과 같습니다. 목표가 없다면 인생에서 어디를 가는지 모른 채로 종점만 가겠다고 말하는 것과 똑같지 않을까요. 말하자면 목표는 인생의 네비게이션이지요. 또 자기가 어디 있는지 알아야 그 목적지까지 거리, 방법을 비교해 교통수단을 선택할 수 있지요. 남이 7호선을 탔다고 하더라도, 내가 현재 있는 위치에 따라 5호선, 3호선을 탈 수 있는 것 아니겠습니까. 그런 점에서 목표란 지향점과 좌표란 출발점 모두 똑같이 중요합니다."

이채욱 GE코리아 회장, 제갈정웅 대림대학 이사장은 3, 5, 10년마다 변동하는 롤링 플랜을 짜라고 조언했다. 자신의 경험상 가장 유익한 목표 설정법이었다는 것.

"커리어 맵은 고정된 것이어서는 안 됩니다. 매년, 그리고 3, 5년마다 계속 수정에 수정을 거듭하는 롤링 플랜이어야 하지요. 구르는 돌에 이끼가 끼지 않듯 그때그때 변화를 수용하며 융통성 있게 계획을 주도해나가야지, 계획에 갇혀 상황의 변화를 반영하지 않는다면 오히려 없느니만 못할 수도 있지요. 또 당해연도에 달성하지 못하더라도 여유를 주는 등 융통성이 필수입니다. 라이프 플랜이 오히려 삶의 족쇄로 작용해선 의미가 없다고 봅니다."

우리 시대의 대표적 CEO들이 목표에 대해 이야기하는 것을 들으며, "CEO가 되겠다고 일찍이 맘먹었든 맘먹지 않았든 현재 처지에서는 최고가 되겠다는 마음가짐은 같았다"는 것을 확인할 수 있었다. 원대한 청운의 목표 여부와 상관없이 자신이 하는 일을 최고로 해내겠다는 목표의식은 공통적이었다. CEO나 임원이 되고자 하는 강렬한 목표의식을 얼마나 일찍이 가졌느냐는 그리 문제가 되지 않았다. 호랑이파든, 현재 최선파든 공통 사항은 현재를 충실히 못하는 이는 미래도 충실히 준비하지 못한다는 것에 의견을 같이한다는 점이다. 학급에서 1등이 되지 못하는 학생은 결코 세계 제일이 되기 힘들다. 성공은 호랑이파든, 현재 충실파든 엘리베이터를 타고 가는 비약이 아니라, 한 걸음씩 떼어야 하는 도보 전진이다.

19 초심을 잃지 않기 위한 5가지 방법

처음 시작은 잘하지만 끝까지 잘하는 예는 드물다.

-- 『시경(詩經)』

CEO가 되기 위한 가장 간단한 습관 중 하나는 바로 삼심(三心)의 법칙을 익히는 것이다. 삼심이란 초심, 열심, 뒷심을 뜻한다. 초심이란 일을 시작할 때 목표를 세우면서 두근거리며 한 맹세이고, 열심은 일하는 과정 중 열과 성을 다하는 자세다. 그리고 뒷심은 중도에 포기하지 않고 끝까지 밀어붙이는 자세다. 이 세 가지 요소 중 하나만 빠져도 CEO가 되긴 어렵다. 열심과 뒷심은 과정 과정 중 진행 요소란 점에서 현재시제이다. 하지만 초심은 과거시제이므로 보온하는 데 한결 신경 써야 한다. 세월이 약이기도 하지만, 세월은 녹이 되기도 한다. 초심에 녹이 슬지 않게 하기 위해 CEO들은 과연 어떤 비방을 쓰고 있을까.

이들이 즐겨 사용하는 습관은 견물생심 전략. 사무실 한쪽, 눈에 잘 띄는 곳에 초심을 되새기게 하는 물건을 두는 것이다. 조현정 비트컴퓨터 회장의 사무실에 가면 커다란 스탠드형 태극기가 세워져 있는 것을 볼 수 있다. 공기업도 아니고 민간기업에 태극기가 있는 것이 의아해서 물어보니, 초기에 벤처 사업을 시작하며 사업보국하겠다는 그 뜨거운 마음을 잊지 않기 위해서란 설명이었다. 그는 지금도 사업상 고민에 빠질 때면 태극기를 어루만지며 대학 3학년 서클룸 한쪽에서 벤처 창업을 했던 그 시절을 되새겨본다.

광고인인 최창희 (주)크레이에티브 에어 사장의 사무실에 있는 20대 시절의 브로마이드도 이 경우에 속한다. 사무실을 옮겨 다닐 때마다 다른 것은 버려도 반드시 이것만은 "내 물건"이라고 빼놓지 않는 보물 1호이다. 지금은 부리부리 장군형 외모이지만 실크스크린으로 처리한 그의 20대 사진을 보면 꿈 많은 청년의 모습 그 자체다. 그는 자신의 젊은 시절 초상을 쳐다보며, 세상과 타협하느라 당초의 목표에서 이탈하고 있지는 않나 점검해본다고 말한다. 그가 다국적 광고대행사의 CEO 자리를 주저 없이 박차고 나와 자신의 꿈이 깃든 소규모 광고대행사를 차린 것도 초심 회복을 부추기는 브로마이드 덕분이다.

손병두 서강대 총장은 전화기 옆에 한 손에 잡히는 거북이 상을 놓아두고 있다. 거북이 상 수집이 취미인 그는 힘든 일이 있을 때 이 거북이 상을 매만지며 마음을 다잡는다고 말한다. 여기에는 사연이 있다. 40대 초반에 명예퇴직 후 미국으로 늦깎이 유학을 갔을 때, 하도 힘들어서 마음속으로 좌절하기도 수차례. 그때마다 대학 도서관 중앙에 있는 거북이상을 매만지며 용기를 냈다는 것.

좌우명을 족자, 액자 등에 담아 걸어두고 늘 가까이에서 보는 경우도 많았다. 앞에서 잠깐 이야기했지만 김재우 아주그룹 부회장의 경우, '착안대국 착수소국' (문제를 바르게 보는 불변의 방법은 문제를 크게, 즉 큰 눈으로 보는 것이다. 문제를 작게 보면 문제를 정확히 알 수 없다. 문제를 모르면 당연히 해결이 불가능하다. 일을 성사시키려면 세심해야 한다는 뜻)이 새겨진 액자가 25년 전 대기업 임원이 된 이래 그의 사무실을 지키고 있다. 지치지 않는 학습열로 유명한 심갑보 삼익THK 부회장은 사무엘 울만의 시 「청춘」 외에도 다양한 내용의 격문성 액자를 걸어놓고 분발하는 마음을 다진다.

두 번째로는 이른바 부적형으로 수첩 등에 좌우명, 경구를 부적처럼 늘 지참하는 습관을 가진 CEO들도 여럿이었다. 언론 보도에 의하면 LG생활건강 차석용 사장은 손때 묻은 수첩을 펼치고 초심을 다진다고 한다. 회사가 나아갈 방향과 자신의 업무 자세를 적은 일종의 '이정표'를 보며 새로운 초심을 충전한다는 것이다. 그는 상품뿐 아니라 이같이 초심을 유지할 수 있는 습관, 태도가 브랜드 경쟁력이라고 말한다. 여기에서 한 발 더 나아가 CEO뿐 아니라 직원 명찰에도 좌우명을 새겨 전 사원에게 초심 회복을 분발케 하는 경우도 있었다.

세 번째는 과거 회귀형이었다. 즉, 과거 자기 삶의 족적과 관련된 기록이나 물건을 꺼내보거나 장소를 찾아가 초심을 다지는 경우다. 김순진 (주)놀부 사장은 신림동 골목 5평 구석에서 보쌈집을 운영할 때 식당 아줌마를 하며 입었던 기름때 전 앞치마를 지금도 꺼내본다. 이제 골동품 수집가로도 일가를 이룬 그녀이지만 그 번쩍번쩍한 고미술품보다 더 귀중하게 여기는 것은 처음 식당을 시작했던 시절의 장부와 기름때 전 앞치마다. 이 물건들을 보며 "개구리 올챙이 적 시절을 결코 잊어서는 안 된다"고 마음을 다진다. 서두칠 (주)동원시스템즈 부회장은 오래된 《아사히 신문》 기사가 바로 초심을 다지는 분발 도구다. 일본에서 살던 시절, 형이 교통사고를 당했는데 부모님이 그 보상금을 기부해 《아사히 신문》에 났던 것. 그의 집 역시 어려운 형편이었지만 남과 나누고자 하는 마음에 기부했었다. 부모님의 성실성 강조가 오늘을 낳았다고 생각하는 그는 자신뿐 아니라 자녀에게도 이 빛 바랜 기사가 스크랩된 앨범을 꺼내 보이며 초심을 계승시킨다. 권홍사 대한건설협회장은 대학 시절 하숙집을 멋지게 짓고 싶다는 것이 건설학도로서의 소박한 초심이었다고 한다. 업계 데뷔작도 하숙집으로 했다는 그는 "지금도 일이 안 풀리고 복잡해지면 대학가 하숙집을 찾는 게 초심과 자신감을 되찾는 데 도움이 된다"고 말한다(《한경비즈니스》 2005년 6월 5일자).

네 번째는 호연지기형으로 자연에서 신선한 초심 에너지를 호흡하는 형이었다. 취미를 넘어 경영인으로서의 초심을 다진다는 심영섭 우림건설 대표이사 부회장이 그다. 1993년부터 매일 새벽 4시 55분이면 일어나 서울 서초동 우면산에 올라 산과 대지가 품고 있는 자연의 몸짓과 소리를 만끽한다. 심 사장은 "산행 습관은 그에게 '오류를 교정하는 거울'로서 작용해왔다"며 "자신을 비출 거울이 있는 사람과 그렇지 않은 사람은 살아가면서 바뀌어가는 모습이 전혀 다르다"고 말한다. 동호회 벗도 없이 매일 새벽 혼자 산행하며 경영인으로서 품었던 초심을 회복한다는 설명이다.

끝으로 현재 적용형이다. 강남 타워팰리스의 입맛을 사로잡는 김영모 과자점의 김영모 사장은 종종 초창기 개국공신급 직원들에게는 월급을 통장으로 넣지 않고 봉투에 넣어준다. 거기에 초심이란 글자도 같이 넣어서. 대한민국에서 제일 맛있다는 명성에 사로잡혀 혹시라도 소보로 1그램이라도 소홀히 하는 순간, 어렵게 쌓아올린 명성은 당장 허물어질 수 있다는 경계심을 스스로에게, 직원들에게 불어넣어주기 위해서다.

다양한 방법을 쓰고 있지만 이들에게서 볼 수 있는 것은 초심을 붙잡기 위해서, 초반의 청운의 꿈과 긴장된 군기를 유지하기 위해 안간힘을 쓰며 노력한다는 사실이었다. 영화 〈냉정과 열정 사이〉를 보면 남자 주인공의 직업이 명화 복원사이다. 세월의 풍화로 빛 바랜 명화의 색깔을 생생하게 원상회복시키는 일을 하는 것이다.

이처럼 성공한 CEO들은 늘 처음 같은 마음가짐을 갖기 위해 다양한 방법을 쓰고 있었다. 처음을 잘 시작하는 것도 어렵지만, 늘 '처음처럼' 유지하는 것은 더 어렵다. 초심 유지 전략이 견물생심형이든, 부적형이든, 과거 회귀형이든, 호연지기형이든 간에 성공한 CEO들이 개구리 올챙이 적 시절을 잊지 않는 것은 공통된 습관이었다.

쉼없이 진화한다 20

배운다는 것은 물살을 거슬러 노를 젓는 것과 같다.
중지하면 뒤로 밀려난다.

— 벤저민 브리튼 영국의 작곡가

학이시습지(學而時習知), 불역열호(不亦說乎). 배우고 또 익히면 즐겁지 아니한가. 『논어』 첫 장에 나오는 말이다. 여기에서 '습(習)' 자에 대한 풀이를 보자. 이 글자를 잘 살펴보면 '깃 우(羽)' 자가 들어 있다. 자전을 살펴보면 아기새가 몇 번이고 스스로 날 때까지 연습하는 것에서 비롯되었다고 풀이한다.

아이들이 공부를 안 하면 부모들이 흔히 하는 말이 있다. "6년만 고생하면 60년을 편하게 살 수 있는데 왜 그것을 모르느냐" 면서 자신의 과거를 떠올리며 야단을 친다. 그러나 알고 보면 우리 사회는 벌써 6년이 60년을 보장해주는 시기는 넘어선 지 오래다. 중고생 정도 학생을 자녀로 둔 세대라면 입으로는 그 같은 말을 하지만, 가슴으로는 그것이 틀린 말이란 걸 이미 알고 있다. 다만 명문대 졸업장이 미래를 보장해주지 않는다면 어떻게 해야 할지 막연하니 자기가 알고 있는 상식으로 그저 아이들만 족칠 뿐이다. 갈수록 대학 졸업장의 유효기간은 짧아지고 있다. 1990년대만 해도 대학 졸업장의 유효기간이 3년이라고 했지만, 이제는 1년도 안 된다고 일선 관계자들은 말한다.

언제 어디서든 배우려는 열린 자세를 가져라

그렇다면 임원, CEO에 오른 이들은 어떻게 지속 가능한 성공을 만들어냈을까. 각각 물어보았지만 거짓말처럼 공통으로 일치된 것은 팽이 이야기였다. 팽이에 채를 쳐야 꾸준히 돌듯 사람도 자신의 성공이나 이루어놓은 위치에 자만하는 순간, 멈추어버린다는 이야기였다. 타잔은 줄을 탈 때 바로 다음 줄을 이어서 타지, 한 줄만 잡고서 정글을 주름잡는 법이 없다. 외국어가 모자라면 채우고, 네트워킹이 부족하면 잇고, 취미가 부실하면 메우고……. 평생 쉼 없이 보수 공사를 하고 있다는 이야기였다.

그래서인지 최고경영자들의 학력을 보면 대학 졸업 이후의 학력이 그 이전보다도 더 길다. 이런 이야기를 하면 CEO 대상의 최고경영자 과정은 공부란 염불보다는 인맥 쌓기란 잿밥에 관심이 많은 곳 아니냐고 냉소를 보낼 수도 있다. 하지만 적어도 우리 사회의 성공한 CEO들을 만나보면 입시생을 능가하는 향학열이 공통점이란 것을 확인할 수 있었다. 기업이고, 국가고, 개인이고 나를 혁신하는 노력을 하지 않고선 성공하는 미래를 만들 수는 없다. 심지어 대학 때 강의실보다는 당구장에서 살며 쌍권총(F학점이 두 개)을 찼다고 이야기하는 사람들조차 "진정한 공부는 직장생활을 하면서부터 시작되었다"고 말한다. 김항덕 중부도시가스 회장(전 SK그룹 부회장)은 자신이 부족하다고 느낄 때 성냥불을 켜는 순간 황에 불꽃이 일듯 눈에 파란불이 번뜩이는 기분이 든다고 표현했다.

"지도교수의 추천으로 일본의 이토추 상사에 입사했지요. 일본어 한 글자 모르면서. 하여튼 영어로 대강 대화하면 되겠지 하고 첫날 출근을 했습니다. 웬걸요, 일본인 급사도 유창하게 구사하는 일본어를 전혀 알아듣지도, 말하지도 못하니 눈에 파란불이 튀며 가슴에 열화가 솟더군요."

그는 그날 당장 새벽, 저녁 두 타임으로 일본어학원에 등록했다고 말했다. 아침저녁으로 일본어 학원을 몇 년간 다니고, 회사에서 일본인들과 부대끼다보니 비로소 조금씩 말문이 트이더란 것. 일본어 실력과 영어 실력이 능통하다는 희소성은 그가 39세란 나이에 일찍이 사장으로 발탁되는 데 결정적 요소로 작용했다.

그런가 하면 이강호 한국그런포스펌프 사장은 다년간의 해외지사장 생활로 영어가 능통한데도, 일과를 쪼개 중국어 공부를 하고 정기적으로 해외 유수 대학원의 단기 최고경영자 코스를 다녀오곤 한다. 7년째 중국어 공부를 꾸준히 해오고 있는 그는 지금도 영자지, 영어 방송듣기를 하루라도 건너뛰면 눈에, 귀에 가시가 돋는 것 같다고 말한다.

이채욱 GE코리아 회장 역시 피 튀기게 공부한 케이스다. 지금은 다국적 기업의 CEO로서 세계무대를 휘젓고 다니지만, 그 역시 영어가 안 되어 스트레스로 시달리던 올챙이 시절이 있었다. 외국인으로부터 전화가 오면 화들짝 놀라 후다닥 전화를 끊고선 주위를 둘러보던 게 수차례. 영어를 공부하기로 독하게 마음먹고선 아예 영어 강습을 받던 외국어대가 있는 이문동 주변으로 이사까지 했다.

"퇴근 후 외대에서 밤늦게까지 공부하고 귀가, 그 다음날 출근하려니 도저히 몸이 당해내질 못하겠더군요. 그래서 그냥 집을 아예 외대 옆으로 이사, 이동 시간을 줄여 공부에 열중했지요."

외국어 공부뿐이 아니다. 법대 출신인 그는 무역 분야에 배속되자 여름에 비지땀을 흘리며 무역대학원에서 주경야독을 했다. 그의 직장생활은 곧 평생학습의 연속이었다고 보아도 과장이 아니다. 그의 평생학습 습관을 일상에서 확인할 일이 있었다. 이 회장의 강연에 참석해서 인사를 나누었는데 그 뒤 필자에게 e메일이 한 통 도착했다. 자신에게 고칠 점이 수없이 많겠지만 강연 중 시정할 사항 세 가지만 콕 집어 지적해달라는 내용이었다. 모자란 게 부끄러운 것이 아니라 모자란 것을 알고서 채우지 않는 것이 부끄럽다는 것을 성공한 CEO들은 생활 속에서 실천한다. 물은 파인 웅덩이를 채우고서 흐른다. CEO들은 늘 자신의 모자란 점을 이렇게 채워가며 진화해왔다. 초 단위로 변화하는 시대에 가만히 있는 것 자체가 후퇴란 이야기다.

평생학습을 시도하는 이들 경영자들은 이 같은 과정 선택뿐 아니라, 주위로부터 배우려는 열린 자세를 갖고 있다. 그래서 늘 자신의 보완점을 묻는 게 습관화돼 있다. 보통 사람은 자신의 결점을 지적하면 적군이라며 의심하고 멀리한다. 하지만 늘 배우려는 자세를 가진 사람은 고칠 사항을 지적해주는 것이야말로 아군의 증거라고 생각, 충심으로 받아들인다. 자신에게 모자란 점이 있으면 눈에 파란 불이 이는 듯 늘 분발해 채우려는 자세, 바로 평생 지속 가능한 성공을 이루는 이들의 결정적 차이이다.

자신의 시간을 희생하라

대부분의 성공한 임원, CEO들은 일찍부터 자신의 대학졸업장이란 학력(學歷)보다 새로운 학력(學力)을 추가하는 프로젝트를 시도했다. 자신이 속한 분야에서 객관적 인정을 받는 알파를 추가했기에 차별화된 브랜드를 만들 수 있었다. 이들이 "희소성을 확보한 게 고속 승진할 수 있었던 비결"이라고 말한 것은 결국 쓰임을 받기 전에 그릇을 먼저 키워놓으려는 끊임없는 학습열 때문에 가능했다. 업무와 관련된 분야에 학위나 자격증을 가지는 것은 그 어느 끈보다도 든든한 보험 증서다.이들은 미래의 트렌드를 쫓아가는 데 자신이 부족한 것을 알면서 가만히 있는 것이 너무나 초조하고 견딜 수 없어 학습에 뛰어들 수밖에 없었다고 말했다.

이들의 불굴의 학습 정신을 들으며 문득 의문이 들었다. 자기계발을 열심히 하는 것은 좋지만 CEO 이전 시기에 공부할 때는 회사의 눈치가 보이지는 않았을까.

직장인들이 공부하는 데 대해 이들이 해준 조언은 다음과 같았다. 시간이 없다고 말하면서도 골프장만 쫓아다닌다거나 구들장만 지고 있는 것은 당연히 문제다. 하지만 공부한답시고 근무 시간에 자기의 공부를 하는 등 '딴 짓'을 하면 직장 수명을 연장하기는커녕 단축시킬 우려도 있다는 이야기였다. 요컨대 페어플레이를 통해 승리하자는 목표에 도달하기 위해서는 과정도 페어플레이의 정신에 입각, 일에 충실해야 한다는 지적이었다.

이에 대해 조영탁 (주)휴넷 사장은 이렇게 답했다.

"제가 예전에 다니던 회사에선 석사학위 지원을 해주는 제도가 있었습니다. 일부러 학자금 지원 수혜를 사양했지요. 주말 근무를 자청하는 등 회사에 전혀 폐를 끼치지 않고자 노력했습니다. 또 직장생활 중 학위를 공부하는 사람들이 흔히 범하기 쉬운 실수가 학위를 따기 위한 목적에 치우쳐 쉽게 테마를 정하는 것이지요. 하지만 저는 어렵게 선택해 공부하는 것인 만큼, 명함 몇 글자 더 찍으려고 공부하고 싶지는 않았습니다. 그래서 정말 논문 주제도 공부에만 전념하는 사람도 어려울 만한 것으로 선택, 공부했지요."

폐기 처분되지 않는 인재가 되기 위해선 완성형이 아니라 진행형이 되어야 한다고 이들은 입을 모은다.

"자신의 시간을 희생하십시오. 잠자는 시간을 줄일망정 근무 시간에 자신이 공부하는 티를 내지 마십시오. 남이 금방 알아주지 않더라도 조급해하지 마십시오. 그릇을 키워놓으면 반드시 쓰임을 받게 되어 있습니다. 자신을 혁신하고, 그것을 바탕으로 회사 업무에 부가가치를 창출하십시오. 그것이 당신의 차별성을 부각시킬 수 있는 방법입니다."

회사에서 폐기 처분되지 않고, 늘 바짓가랑이 붙잡고 늘어지는 인재가 되기 위해선 끊임없이 자기 능력을 개발하는 진행형 인재가 되어야 한다. '이만하면 됐겠지' 하며 자족하는 순간, 내리막길이 시작된다.

자, 당신은 언제 어떨 때 스스로 분발해야겠다며 눈에 파란 불이 튀겼는가. 부족한 점을 이야기해주는 동료에게 충심으로 큰절이라도 할 만큼 고마운 마음을 가지고 있는가. 그 횟수와 분발을 향한 실행이 곧 당신의 성공 가능성과 비례한다.

자신과 대화할 작전 타임을 갖는다 21

우리가 찾아야 할 것은 외부에 있는 그 무엇이 아니라
이미 존재해온 우리 자신이다.

—법정 스님

동화 『이상한 나라의 앨리스』에서 주인공 앨리스보다도 강하게 떠오르는 캐릭터가 흰 토끼다. 늘 회중시계를 꺼내들며 "바쁘다 바빠"를 외치는 동물. 하지만 그는 여왕의 심부름을 전하는 전령사로 바쁠 뿐이지, 어디로 가는지, 왜 가야 하는지에 대해서는 별로 생각하지 않는다. 다만 바쁘다는 것 자체가 중요할 뿐이다. 어디로 가야 하는지 알아야 옆에서 지름길이라도 가르쳐줄 수 있건만, 그는 어디로 가는 것도 모른 채 늘 바쁘다는 말만 입에 달고 다닌다.

바쁘니까, 바쁘다?

대부분의 샐러리맨 모습도 이와 다르지 않다. 늘 바쁘다고 생각하고, 바쁘냐고 물어보고, 바쁘다고 습관적으로 대답하지만 무엇 때문에 바쁜가에 대해 진정으로 고민하지는 않는다.

가끔 대학이나 회사에 강연하러 가서 청중에게 그들의 일상을 물어보면 스스로 빈둥거린다고 생각하는 이는 별로 없다. 다들 나름대로 바쁘게 쫓기며 살고 있다. 하지만 진정 자신을 성찰하느라 바쁜 사람은 별로 보지 못했다. 그들은 "세월이 흐르면 자신들의 고민이 절로 해결되거나 알아질 것"이라고 착각한다. 그럴 때마다 나는 약간은 매정하게 말한다. 인생의 고민은 아이가 걷거나 뛰는 것처럼 절로 세월이 흐르면서 배워지는 것이 아니라고. 당장 발등의 일에 쫓겨 바쁘게 사는 것을 성실한 것으로 착각, 치열한 자기성찰이 없으면 늘 분주하게 살다가 마흔이 넘어 부딪치는 방황의 문제는 한결 심각하다고 말이다. 불혹이 인생의 물혹이 되어 다가왔을 때 오는 충격은 이루 말할 수 없이 크다. 동분서주는 망하는 것의 지름길이다. 그러면 어떻게 해야 할 것인가.

큰 물에서 오래 놀며 자신의 분야에서 일가를 이룬 CEO일수록 바쁜 스케줄에 쫓기지 않았다. 이들은 시계를 연방 쳐다보며 "바쁘다, 바빠"를 외치고 비서가 정해준 쪽지를 재촉받으며 일정을 쫓아가느라 급급하지 않는다. 그보다는 자신과의 대화 시간을 마련하기 위해 오히려 일과를 비워놓는 작전 타임을 의도적으로 만들고 있었다. CEO의 스타일에 따라 하루 중 일정 시간대를 비워놓기도 하고, 때로는 일주일 중 한 요일의 특정 시간대를 비워놓기도 했다. 그런 작전 타임을 통해 이들은 내면의 대화를 나눌 시간을 마련하고 있었다. 내면의 대화 시간이야말로 고품질 에너지를 충전할 수 있는 방법이란 것을 경험으로 체득했기 때문이다.

그래서 비즈니스맨보다 기업가란 우리말이 더 한층 적합하다고 이어령 전 문화부장관은 지적한 바 있다. 기(企)란 멈추어 서서(止) 성찰하는 의미를 가진 반면, 비즈니스맨은 말 그대로 그저 비지(busy)하게 동분서주 황망하기 때문이란 지적이다.

CEO들은 작전 타임에 의식적 명상을 하든가, 조상이나 스승 등 가상의 멘토와 영혼의 이야기를 나누는가 하면 거울을 보고 자신감을 주는 자기 주문을 외는 등 다양한 형태로 자신을 들여다보는 시간을 갖고 있었다. 어려움에 처했을 때 이들은 고요한 침잠을 통해 '과연 그분들이 내 옆에 계시다면 어떤 조언을 해줄 것인가', 영혼과 깊은 대화를 나누며 명상에 잠긴다고 대답했다.

솔직히 처음에는 이 같은 대답이 다소 허황되게 들렸던 게 사실이다. 하지만 이 같은 이야기를 반복해 들으면서 이들이 말하는 대화란 곧 명상임을 깨달을 수 있었다. 대상이 신이든, 조상이든 가까웠던 분이든 이들은 영혼과의 대화를 통해 직관적 판단력을 구하는 것이다. 숫자에 밝고 이익에 민감할 것으로 자칫 연상되는 이들 경영인들이 영혼 명상에 집중하는 시간을 갖고, 직관을 최고의 잣대로 삼는다는 것은 내게도 의외였다. 하지만 이들은 사인 하나만 잘못 하면 0이 몇 개씩 날아가고 실족하는 치열한 세상에 살기에, 오히려 원칙과 근본이 무엇인가에 대해 집중하는 명상 시간이 필요하다고 고백했다.

유리창보다 거울을 먼저 보라

천안역 부근 알짜배기 땅에서 아라리오 화랑과 야우리백화점을 경영하고 있는 김창일 아라리오 그룹 회장을 보자. 그 자신 미술품 수집가일 뿐 아니라, 직접 창작 활동을 하고 있다. 영국 런던에서 25억 원을 주고 구입한 현대미술가 데미안 허스트의 작품 〈환희〉는 지방이라고 무시하는 서울의 콧대 높은 수집가들의 기를 꺾기에 충분했다. 미대도 나오지 않은 사람이 기업 경영에 전업작가 못지않은 활동까지, 어떻게 양쪽 활동을 다 활발히 벌일까.

나의 이 같은 질문에 그는 자신과 끊임없는 대화를 나눈다는 것으로 답을 대신했다. 그의 작업실 창 너머엔 인체의 뱃속 부분을 적나라하게 드러낸 세계적 화제작 〈환희〉가 바로 코앞으로 보인다.

"나는 나랑 끊임없이 대화를 나누지요. 이 내면의 대화 습관은 군대 때부터 시작되었습니다. 새벽에 보초를 설 때면 사방이 캄캄한데 벌레 소리만 크게 들려요. 그때부터 세상 이치와 나의 존재란 무엇인가 하는 생각이 들면서 내면을 들여다보는 습관을 갖게 됐어요."

이 같은 습관을 가지면서 그는 원망보다는 긍정적 생각을 갖고, 독을 약으로 바꿔나갈 수 있었다고 말한다.

"내면을 텅 비우고 존재의 핵심에 가깝게 다가가보는 거예요. 그러면 장자의 『나비의 꿈』 이야기에서 나오듯, 내가 나비인지 나비가 나인지조차 구별이 안 되는 텅 비면서도 충만한 상태에 도달합니다."

그는 남들이 들으면 미쳤다고 할까봐 이야기를 못 한다고 말하면서도 자기와의 집중적인 대화, 명상 시간이 오늘의 자신을 만들었으며, 미래의 자신을 준비하게 한다고 말한다. 애벌레에서 고치로, 고치에서 잠자리로 끊임없이 탈바꿈하도록 촉진하는 것은 바로 이 같은 자신과의 대화를 통한 충전이란 고백이다.

CEO들이 고인이 된 스승, 선친 또는 할아버지 등 자기가 친밀하게 여기던 인물과 영혼의 대화를 통해 결단을 내리고 자신의 삶에 변화를 꾀하고 있는 것은 두 가지 때문이다. 첫째는 직관의 중요성에 대한 깨달음 때문이다. 창의적인 아이디어는 합리적인 사고만으로는 구하기 어려운 측면이 있기 때문이다. 이들은 자신들이 명상 시간에 얻은 통찰력과 아이디어가 사무실에서 골몰하며 얻은 아이디어보다 몇 배나 훌륭한 경우가 많았다고 입을 모은다. 하지만 역시 가장 큰 이유는 물론 치열한 경쟁 속에서 마음의 안정을 찾기 위한 목적이었다. 거대한 배를 모는 함장으로서의 책임감, 이해관계가 배치되는 집단의 조율, 늘 선택의 기로에 선 이들은 "솔직히 자기들도 손에 진땀이 날 만큼 누렵다"고 말한다. 이럴 때 나누는 영혼의 대화는 원칙의 중심에 자신들을 갖다놓으며 스스로 자신의 감정을 통제하고, 세상의 찬사나 비난에 대해 일정 거리를 놓을 수 있는 자신감을 충전시킨다는 설명이다.

비워야 채울 자리가 생긴다. 비우는 것은 남을 볼 때가 아니라 자신을 바라볼 때 구해진다. 장수 경영자들은 그래서 "유리창보다 거울을 먼저 보라"고 조언한다. 나를 봐야 남이 보이고, 세상도 바로 보인다. 스포츠 경기를 봐도 바쁘게 뛰는 전반전과 후반전 사이엔 작전 타임이 있다. 우리가 사는 데도 마찬가지다. 멈춰서 비우는 여유를 가지는 작전 타임은 내일을 채우기 위해 반드시 필요하다.

22 브랜드 전략을 갖고 있다

사람들 중에는 원본보다 복제품이 훨씬 더 많다.

-- 파블로 피카소 스페인 화가

모 대기업에서 일하는 30대 중반의 L과장. 그의 별명은 한때 2%였다. 2%가 모자라서가 아니다. 대입 수능 전국 2% 안에 드는 것으로 테이프를 끊기 시작, 최고의 대학, 그리고 대한민국에서 최고로 꼽히는 지금의 직장에 입사할 때도 늘 2% 안에 드는 우수한 성적으로 입사해 붙여진 별명이다.

하지만 현재 직장인으로서의 성공에서도 2% 안에 드는가 생각하면 회의적이다. 지금 그에게 2%란 별명은 스스로 욕이거나 자조로밖에 들리지 않는다. 회사에서 구조조정 이야기가 나올 때마다 언제라도 회사에서 쫓겨나거나 한직으로 밀리는 상황이 발생할 것 같아 불안하다. 대한민국 2%의 자존심은 어디로 갔나 생각할 때마다 비감스럽기까지 하다.

L과장은 기획 시리즈인 '직장인들의 풍속도'를 취재하다 알게 된 나의 취재원이다. 지난 봄 오랜만에 만난 그는 끊었던 담배를 다시 피우게 되었다며 갑갑한 이야기를 풀어놓았다.

"우리 아버지는 중졸 출신의 말단 은행원이셨습니다. 고속 승진을 거듭하는 왕별형은 아니셨습니다. 이렇게 가늘고 길게 산 아버지의 직장생활이 어머니에겐 불만이셨나 봅니다. 그래서 아버지의 쥐꼬리만 한 월급에 빚까지 얻어가며 제게 사교육을 시키셨습니다. 늘 대한민국의 명문대, 명문 직장에 들어갈 것을 주문처럼 외우셨죠. 들어가는 것까지는 이루었지만 현재 제가 과연 아버지보다 더 나은 삶을 살고 있는지, 살 수 있는지 생각하면 의문입니다. 정년까지 직장에 다닐지도 불투명하고요. 김 기자도 알다시피 우리 연배의 직장인에게 정년까지 다닌다는 것은 소박한 소망이라기보다는 화려한 소망이 되지 않았습니까."

학교의 우등생이었던 그가 어머니의 바람대로 회사의 '짱'은커녕 정년을 채우는 것조차 걱정하게 된 상황은 순전히 우리 사회의 급변하는 변화 탓일까.

사소한 것을 특별하게 하는 것이야말로 브랜딩 능력

내가 성공한 CEO들을 만나며 느낀 점은 그들은 자신의 브랜딩 능력이 탁월하다는 점이다. 긴 줄에 서며 무리에 묻히기보다는 자신이 남과 다른 것(something different)은 무엇인가를 집중적으로 모색하고, 개발해왔다.

학교의 우등생이 사회의 우등생이 아니란 말을 흔히들 한다. 이는 학교의 성적이 우수한 학생들일수록 엄마의 치마폭에 싸여 하라는 것만 열심히 할 뿐, 자신의 생각에 따라 도전적 시도를 해볼 확률이 적다는 데서 비롯된 것이다. 학교에선 시키는 것만 열심히 하면 되었지만 사회에선 다른 방식, 그것 플러스 알파가 없으면 앞의 L과장 경우처럼 대한민국 2%의 영예는 오히려 자신을 옭아매는 비감스런 완장으로 변하기 십상이다.

뛰어남만으로는 부족하다. 브랜드 직장인일수록 회사의 브랜드와 개인의 브랜드를 착각하는 경우가 많다. 그런 온실 속 직장인들일수록 자칫 브랜드 구축에 약하기 쉽고, 온실 밖으로 튕겨져 나온 뒤에야 자신과 회사의 브랜드 격차에 좌절한다. 그러지 않기 위해서는 자기 고유의 브랜드가 있어야 한다. 경영 컨설턴트 톰 피터스는 브랜딩을 이렇게 말한다.

"나는 이를 미치도록 확고하게 믿고 있다. 나 자신을 위해, 나의 작은 회사를 위해, 당신들을 위해 이를 확고하게 믿는다. 브랜딩. 차별화. 이만한 것은 없다. 브랜딩은 매우 쉽지만 어려운 것이다. 문제는 '당신은 누구인가, 누가 상관하겠는가, 당신이 다른 무언가는 무엇인가' 이다."

재미 아시아 IT 기업인으로 입지전적 성공을 거둔 제럴드 수 브로드미디어 코퍼레이션 회장. 타이완 출신의 그는 소수민족으로서 미국의 주류사회에 어떻게 승리, 생존할 것인가에 대해 대학 졸업 때부터 줄곧 고민했다고 털어놓았다.

"키 작고 눈 찢어진 제가 백만 불짜리 턱시도를 갖춰 입은들 하얀 얼굴, 파란 눈의 백인만큼 폼나겠습니까. 그렇다면 나의 차별성을 살리는 방법은 무엇일까를 생각해보았습니다. 차라리 열정적 프레젠테이션으로 카리스마를 만들어야겠다고 결심했지요. 양복 사는 데 돈은 쓰지 않았지만 프레젠테이션하는 수업을 듣는 데는 대통령을 코치하는 일류 전문가를 모시는 등 돈을 아끼지 않았습니다."

정인태 아웃백 스테이크 하우스 사장. 그의 첫 직장은 롯데호텔이었다. 올림픽 특수가 일며 관광인력 러브콜이 잇따랐고, 선배나 동기들이 모두들 관광공사 등 폼 나는 직장에 취직했다. 그는 호텔의 웨이터가 되어 낮은 데서부터 임하는 길을 기꺼이 선택했다. 직업의 귀천을 떠나 호텔 서비스업의 종사자로 처음부터 차근차근 시작하겠다는 각오 때문이었다.

모두들 선호하는 직장으로 들어가 같은 선택을 했다면 그는 오늘날의 자리에 오를 수 없었을 것이다. 남들을 따라 하는 선택은 쉽다. 1등보다는 1호가 되어 자신만의 길을 개척하는 것, 그것이야말로 참다운 브랜딩 능력이나. 유명 탤런트 Y씨는 데뷔 시질 대사 한 마디 없는 음식점 배달부 역할을 하면서도, 접시 몇십 개를 포개는 묘기에 가까운 연습을 피땀 흘려 했고, 그것이 결국 프로듀서의 눈에 들어 주역으로 발탁되었다고 한다.

최초이든, 최고이든, 최대이든, 유일이든 어느 분야에서든 무엇이든 좋다. 당신만의 것을 만들라. 가려움증을 호소하면서 남의 다리만 긁으면 고통에서 결코 헤어 나올 수 없다.

브랜드는 아이템이 아니라 가치관 프로젝트다

조직형 리더이든, 창업형 리더이든 성공한 CEO들은 '아무개' 하면 떠오르는 분명한 가치를 갖고 있다. 혁신 전도사, 글로벌 CEO, 한국의 잭 웰치, 구조조정의 명승부사……. 그리고 그것을 만들기 위해 지성으로 노력했다. 남들이 만들어놓은 가치관의 궤도를 따라 강시처럼 콩콩 뛰는 삶을 살기보다는 좁은 가시밭길을 헤쳐나가며 새 길을 만드는 노력을 기울였다. 자신이 얼마나 남의 수준 만큼 할 수 있나, 왜 할 수 없나에 대해 구구이 설명하고 가라앉아 있기보다는 나만의 것을 어떻게 만들 수 있나에 생각을 집중했다.

차별화란 브랜드 작업은 지도 밖으로 뛰쳐나가 새로운 길을 찾아나서는 작업이다. 신대륙을 찾아나서면서 예전의 남이 만들어놓은 지도를 가지고는 결코 찾을 수 없다. 자신의 브랜드를 만드는 것은 없던 이미지를 발명하고, 숨겨진 자신만의 블루오션을 발견하는 일이다. 스스로 자신의 브랜드는 무엇인지 물어보라. 자신의 명함에 넣을 당신만의 고유 브랜드를 남들은 얼마나 인식하고 있는가.

직장인의 브랜드는 운동선수의 등번호에 비유할 수 있다. 자신은 볼 수 없지만 늘 등에 따라붙어 다닌다는 점에서 그렇다. 회사의 브랜드에 기대지 않고도 당신 자신의 브랜드만으로 빛을 발할 수 있는 경쟁력을 갖고 있는가. 휴가를 떠나면서 책상이 남아 있기를 걱정하기보다는 '당신이 없는 자리를 아쉬워하게끔' 하는 그 무엇이 있는가. 당신의 사인이 없더라도 누구든지 "음, ○○○이 한 것이군", "그것을 하려면 ○○○에게 물어봐야겠는걸" 하는 당신만의 브랜드는 얼마나 통용되고 있는가.

브랜드는 아이템이 아니라 가치관 프로젝트다. 무엇을 하느냐보다는 얼마나 자기 영혼의 숨결을 남에게 불어넣을 수 있느냐가 그 성패를 좌우한다.이영석 '총각네 야채가게' 사장의 몇 마디가 브랜드의 요체를 잘 설명해준다.

"브랜드라는 것은 상품의 용도는 물론이고 고객에게 즐거움을 파는 행위입니다. 지금 우리 사회는 어느 분야든 과포화 상태입니다. 까만 점이 총총히 박힌 상태에서 조금 큰 까만 점을 찍었다고 해서 별로 의미가 없습니다. 까만 바탕의 상태에서 흰 점으로 확 튀어야지요. 그러기 위해선 나부터 즐거워야 합니다. 소가 도살장 끌려가듯 일하면 절대로 튀지 못합니다."

브랜드란 남과 달라지려는 치열한 창의성뿐 아니라 진정을 다하는 정성이자, 즐거운 엔터테인먼트 작업이기도 하다. 당신은 ○○○표 제품을 생산하기 위해 즐겁게 일하고 있는가. 조직 안에서 ○○○표 상품은 얼마나 인기가 있는가. 아니, ○○○표 상품은 존재하기라도 하는가. 호랑이가 죽으면 가죽이 남고, 사람이 죽으면 이름이 남는다. 직장인이 성공하려면 ○○○표 브랜드가 필수다. 당신은 오늘 아침 깨어나 '오늘은 어떤 차이를 만들어낼까?'를 생각하는 것이 힘겹지 않고 즐거운가. 당신이 회사에 존재하지 않으면 회사가 무엇을 잃는가. 당신이 CEO라면 당신 같은 이에게 지금 당신이 받는 월급만큼 주겠는가. 그 질문을 하루에 삼세 번 던져보라. 그것에 대한 답변이 선명할수록 직장 수명은 길어진다.

23

끄집어내는 독서를 한다

독서란 끄집어내고 발견해내서 그것을 가져가는 것이다.

-- 게오르크 크리스토프 리히텐베르크 독일의 철학자

CEO의 유전자는 배우려는 태도다. 당연히 그들은 보통 사람보다 독서량이 많다. CEO의 사무실에 가면 빠지지 않고 있는 것이 책장이다. 그 책장 안 내용물, 책들을 대강 훑어보면 그가 책을 장식으로 생각하는지, 내용으로 생각하는지를 간단히 살펴볼 수 있다. 내가 만나본 CEO들은 책장뿐 아니라 책상 위에도 최근 신간들이 수북이 쌓여 있었다. 1909년 노벨화학상을 받은 독일학자 오스트발트는 위인이나 성공한 사람의 공통점을 조사한 결과, 첫 번째가 긍정적 사고이고, 두 번째가 독서란 사실을 밝혀냈다. CEO들은 새벽 시간 또는 이동 중 짬짬이 읽든지, 어떻게든 별도의 독서 시간을 마련하고 있었다. 인터뷰 중 CEO들이 인용하는 책 장르의 넓고 깊음, 그리고 신간 서적의 구절을 줄줄 인용하는 것에 놀란

적이 한두 번이 아니었다.

솔직히 나는 CEO를 전문적으로 집중 인터뷰하기 전에는 바쁜 이들이 어느 세월에 책을 읽겠나 생각했다. 그리고 읽더라도 자신들의 현업과 관련한 경영 분야 책을 주로 읽지 않겠나 생각하고 있었다. 그러나 직접 탐문한 결과에 따르면 전혀 아니었다. 이들은 책벌레일 뿐 아니라 경영학은 물론이고 인문학, 소설 등 다방면의 책을 널리 읽고 있었다. CEO들은 경영자이기 때문에 경영학 책만 읽는 것은 '얕은 독서'라며 유연한 마인드와 균형 감각을 기르기 위해선 인문학 서적을 포괄하는 넓은 독서가 필수라고 강조한다. 이들은 책을 통해 아이디어를 얻고, 슬럼프에서 벗어났으며, 사람과 세상을 이해하는 통로를 마련했다.

계절이 초봄에 들어선 어느 날 점심, 나는 모 CEO의 경영대상 수상을 축하하기 위한 CEO 모임에 참석했다. 분위기가 분위기인지라 모두들 흥이 나서 대화를 나누는 중에 책 이야기가 나왔다. 자신들이 청춘기에 읽은 감동적 독서 이야기, 최근에 읽은 책 이야기가 어우러졌는데 화제 중 등장한 책을 꼽아보니 10여 권이었다. 더 중요한 것은 모두들 그것을 주거니 받거니 공감할 수 있다는 점이었다. 심지어는 몇 페이지 몇째 줄을 생각하면 가슴이 뛴다는 등등의 이야기까지 곁들여지거나, 예화의 동물을 인용하며 그 이름을 바로잡아 불꽃 튀는 논전이 진행되는 것을 보면 건성으로 하는 맞장구라 보기가 힘들었다. CEO들은 일찍이 독서에 맛을 들였고, 독서를 통해 사람을 읽고, 미래를 창조한다.

정독이든 다독이든 건더기 독서를 한다

소문난 독서광으로 꼽히는 CEO S사장에게 독서 비결을 물어보았다. 그가 한마디로 이야기한 것은 건더기 독서법이었다. 흔히들 독서 트렌드를 좇아가느라 남아수독 오거서(男兒須讀 五車書: 남자는 모름지기 다섯 수레 분량의 책을 읽어야 한다), 한우충동(汗牛充棟: 소가 땀을 흘릴 정도로 수레에 가득 실은 분량의 책을 읽는다) 식의 다독을 하다보면 책을 읽고도 내용은 기억하지 못하는 경우가 많다.

CEO들은 이 같은 모래밭에 물 붓는 다독보다는 'so what(그래서)' 이라고 자문해서 기억에 남는 건더기가 적어도 두세 줄은 있어야 제대로 된 독서라고 말한다. S사장 역시 독서 경영의 대표적 CEO로 알려져 있지만 회의석상이나 보고서에서 책이나 이론 권위자에게 기대기만 하고 자기 의견은 내지 못하는 것을 극도로 싫어한다. 그때 S사장이 바로 치고 들어오는 말은 "그래서, 네 생각은 무엇인데?" 이다.

"모름지기 어느 책을 읽었으면 작가의 뱃속에 들어갔다 나와야 작가를 넘어설 수 있지 않겠습니까. 지식을 곳간에 차곡차곡 쌓아놓기만 하고 자기 것으로 만들지 않으면 오히려 마이너스란 게 내 생각입니다. 사자는 양의 고기를 먹되 소화시켜서 자기의 살로 만들지 않습니까. 그냥 양고기의 상태로 남는 것은 읽으나마나이지요."

여타 석학의 이론을 받아들이되, 자신의 환경과 조건에 맞게 자기화시키지 않으면 의미가 없다는 게 그의 지론이다. 독서를 하면서 '그래서' 나에게 주는 것은 무엇인가를 끊임없이 반추해봐야 한다는 지적이다.

"하늘 아래 새로운 것은 없습니다. 기존의 아이디어를 빌려오는 것은 좋습니다. 하지만 자신의 생각 알파를 덧붙여 가공하는 노력은 필수지요. 인류의 역사는 과거의 축적물을 습득, 얼마나 뭘 덧붙여 발전시켰느냐에 의해 진전되어왔습니다. 데이터(data)를 인포메이션(Information)화하는 것, 그것이 바로 내면화, 자기화의 능력입니다. 정보를 맥락화하고 재조직, 자기화시키지 않으면 모르니만 못하다고 생각합니다. 보통 사람은 살아선 생일을 챙기고, 죽으면 기일을 챙겨줍니다. 하지만 위인은 죽어서도 태어난 날을 기려주지요. 바로 세상에 새롭게 정의를 내렸다는 점에서 죽어도 죽은 게 아니기 때문이 아니겠습니까. 답습하는 독서가 아니라 능가하는 독서를 하는 게 바로 건더기 독서입니다."

이 같은 건더기 독서를 위해서 CEO들이 흔히 쓰는 방법은 김칫독을 다 비우고 나서야 다른 김칫독으로 옮겨가는 것이다. 즉, 마케팅이면 마케팅, 서양 역사면 서양 역사 한 분야를 꿰뚫고 나서야 다른 분야를 섭렵하는 것. 한 분야를 깊게 읽고서 넓게 확장하면 한결 효과적이란 귀띔이다.

이장우 이메이션 코리아 사장은 독서광 CEO로 유명한 인물. 연평균 200권을 읽는 그는 《세계일보》와의 인터뷰에서 자신의 이 같은 독서법을 가지치기식이라 표현하고 있다. 매달 적게는 10권, 많게는 20권까지 읽는 그는 무조건 다독하는 것은 아니다. 먼저 자신의 전공 업무에 정통한 뒤 영역을 넓혀나간다는 원칙을 갖고 있다. 즉, 마케팅을 하는 사람이라면 관련 서적 30권 정도는 독파한 뒤 가지치기에 나서야 한다는 것이다. 이렇게 전공 분야로 시작한 그의 독서는 서양 역사, 건축, 여행으로 깊이와 넓이를 더해 창조 경영을 하게끔 이끌고 있다.

직무 총역량=가치관+학습량

지승룡 민들레영토 대표는 독서가 유용할 뿐 아니라 구원으로까지 작용했다고 고백하는 경영자다. 그가 운영하는 토종 카페 '민들레영토' 에 가면 어느 지점에고 책이 비치되어 있는 것을 볼 수 있다. 이는 지 대표의 경영철학과도 무관하지 않다. 엄청난 독서광으로 지금도 그는 누구에게도 뒤지지 않는 박학다식을 자랑한다. 하지만 거슬러 올라가면 그는 아이큐 86의 평범에서도 다소 부족한 청소년이었다. 독서는 수줍고 자신 없는 소년에게 자신감을 불어넣어주었다. 또 이혼으로 개인적 상처뿐 아니라 목사직 박탈로 사회적 좌절까지 겪어야 했던 중년의 그에게 밝은 빛을 던져주었다.

"3년 동안 2천 권의 책을 읽어나가다보니 어떻게 살아야 할지가 보이더군요. 영혼의 구원을 얻었을 뿐 아니라 도대체 사회에서 어떻게 살아야 할지 현실적 해결책도 보이기 시작했습니다. 처음에는 이혼이란 주제를 정해 도대체 그 대처 방안은 무엇인가에 대한 의문 때문에 시작했다가 점차 마케팅, 지식경영 서적으로 장르를 확대했지요. 이렇게 한 장르를 섭렵하고, 또다른 장르를 섭렵하고 몇 장르를 탐독하다보니 영혼에 불이 들어오는 것이 스스로 느껴지더군요. 책이 없었다면 오늘날 '민들레영토' 의 무한 사랑 서비스는 결코 탄생하지 못했을 것입니다. 문화공동체의 지적 기반으로 발전시키겠다는 비전에 대해서도 생각도 못했을 것이고요. 책을 통해서 문제해결 방법, 창조적 사례를 연구했지요. 그리고 난관을 극복한 인물들의 특징을 연구한 것이 도움이 되었습니다. 자신 있게 말하건대, 독서는 삶의 구원입니다."

공병호 연구소의 공병호 박사는 자타가 공인하는 1인 기업가. 그는 독서의 부담에서 벗어나기 위해 맞춤형 독서를 한다. 그는 '처음부터 끝까지 모두 읽어야 한다' 는 부담감에서 벗어나 언제라도 마음에 들지 않으면 가차없이 중도 포기한다. 동시다발로 보되 화장실, 거실, 서재 등 이동 시 여러 가지 책을 흩어놓고 읽는다. 물론 서재에 놓는 책에 가장 정신을 집중해서 읽어야 할 책을 놓는 등 비중에 따라 배치의 묘를 달리하는 게 그만의 독서 습관이다. 공 소장은 독서 습관의 주안점에 대해 이렇게 말한다.

"책은 지혜를 얻기 위한 수단이지, 숭배해야 할 신주단지는 아닙니다. '주인을 잘못 만났다' 는 말이 맞을 정도로 책을 혹사하지요. 여러 가지 메모, 떠오르는 단어를 여백에 적고 흔적을 남겨 누더기를 만듭니다. 흔적을 남기는 것이 독서의 투자 효율을 높이는 방법입니다."

서두칠 부회장은 한국에 CEO 주가를 높인 1세대 최고경영자. 독서가 생활인 그에게 독서가 취미란 말은 오히려 욕일 정도다. 그는 "사람의 직무총역량이란 가치관과 학습량을 합한 것" 이라며 이렇게 덧붙였다.

"저는 직장뿐 아니라 업종 자체를 여러 번 바꿨습니다. 하지만 가는 곳마다 전혀 생소한 분야에서도 적응에 별 무리가 없었고 앞서 갈 수 있었던 것은 바로 평생학습의 힘이 아닐까 합니다. 독서, 경청, 대화를 통해 얼마든지 자신의 역량을 단련할 수 있지요. 자꾸 훈련하면 책을 읽는 속도도 빨라지고, 그만큼 독서량도 많아질 수 있습니다. 일단 책을 진심으로 사랑하고 가까이 하는 습관을 들이는 것이 우선입니다."

그는 바쁜 스케줄에서도 한 달에 6~7권의 책을 읽는다고 하면 남들은 놀라지만 훈련하면 얼마든지 가능한 일이라고 말한다. 달리기도 훈련하면 속도가 빨라지듯, 독서도 자꾸 하다보면 속도와 강도가 붙어 단기간에 효율적 독서를 할 수 있는 단계에 이른다고 자신의 경험을 소개했다.

성공한 CEO들은 예외 없이 책벌레이다. 일반인과의 차이는 책을 읽는 데도 방향이 있다는 점이다. 경영뿐 아니라 다양한 분야를 폭넓게 읽되 김칫독 파먹듯 하나를 다 동을 내고서야 다른 분야로 옮겨간다는 것이었다. 다독, 정독 등 독서 방법보다는 완전히 자기 것으로 체화, 세상을 바라보는 돋보기로서 활용하는 게 보다 더 중요했다.

'나는 된다'는 말을 입에 달고 산다

24

자신을 가장 높이 평가하는 사람에게
대항하는 마음을 가진 사람은 드물다.

-- 조지 워싱턴 초대 미국 대통령

의학적으로 플라시보 효과란 것이 있다. 병의 증상과는 아무 관련이 없는 약을 주면서 "이 약을 먹으면 확실하게 나을 것"이라고 말해주면 대부분의 환자들은 병이 호전되는 효과가 있다는 것이다. 의사나 약사 등 그 병에 대해 권위가 있거나 신뢰성이 높은 사람의 말이라면 더욱 효과가 있는데, 일종의 자기암시 효과인 셈이다.

삶에서도 이 같은 자기암시는 그대로 적용된다. 나는 할 수 있다고 적극적으로 생각하면 되고, 할 수 없다고 생각하면 정말 안 된다. 문제는 남이 볼 때뿐 아니라 스스로 혼자 있을 때도 진심으로 그렇게 생각하고 행동해야 한다는 것이다. 세상에 대적하지 못할 놈은 운 좋은 놈이란 말이 있다. 하지만 운이야말로 마음에서 비롯되는 것이고, 마음은 자신의 생각에서 비롯되는 것이다. CEO들은 이 같은 암시를 일찍부터 본능적으로 잘 활용하고 있었다.

조현정 비트컴퓨터 회장. 최선을 다하는 것은 지독하게 사는 것을 의미한다고 주장하는 그는 일찍이 자신의 손금을 보며 '이건 최고의 손금' 이라고 최면을 걸었다고 말한다. 최고의 손금이라서 그렇게 생각한 게 아니고, 스스로 그렇게 생각하고자 했다는 것. 물론 남에게만 척해서도 아니고 진정으로 믿어야 함은 물론이다.

그룹 부회장에서 호텔 웨이터까지 두루 거친 서상록 씨는 아침 일찍 일어나서 '나는 이 일을 할 수 있다' 고 1분 정도 확신하고 큰 소리로 자기암시를 한다고 한다. 그러다보면 한두 달 뒤엔 자신감과 확신을 얻게 된다고 말한다.

이정식 독도참치 회장은 한 신문과의 인터뷰에서 이렇게 밝히고 있다.

"일반인도 자기암시를 열심히 하면 성공할 수 있습니다. 오늘 일이 잘 될 거라고 100번 정도 암시합니다. 이 암시가 어떤 강력한 힘과 자신감을 가져다주기 때문에 결국은 일이 잘 풀릴 수밖에 없습니다."

CEO들은 남을 설득하기 전에 자기부터 설득을 한다. 그 자기설득 파워는 바로 자기암시에서 나온다.

"나는 할 수 있다, 나는 운 좋은 사람이다, 나는 성공했다."

이 같은 자신감 담긴 주문을 걸고 출발하는 아침은 안 한 날과 확실히 다르다는 게 이들의 고백이다.

정신과 전문의로 저술 활동도 활발한 이시형 동남신경정신과 원장은 말뿐 아니라 전신 거울을 자기암시의 소도구로 활용하는 케이스다. 전신 거울을 보며 큰 소리로 "너는 멋진 사람이야" 하고 외치고 나면 힘이 용솟음치며 원고도 잘 써진단다. 뿐만 아니라 대중교통을 이용할 때 계단 몇 개씩도 성큼성큼 젊은이 못지않게 건너뛸 수 있다며, 이 같은 오랜 습관이 그의 자신감과 배짱을 키워주었다고 말한다. M사장은 아예 문방구에서 계수기를 구입, 주머니 속에 늘 지참하고 다니며 스스로에게 긍정적 자기암시를 한다.

"사람은 살면서 18세까지 14만 8천 번의 부정적 말을 듣는다고 합니다. 반면에 긍정적 언사는 수천 번밖에 듣지 못하지요. 그것의 불균형을 맞추려면 자신에 대한 긍정적 언사를 하루에도 수십 번, 수천 번을 반복해 주문을 걸어야 합니다."

운도 스스로 좋다고 생각하는 사람에게만 찾아오지, 스스로 운이 없고 되는 일 없이 꼬이기만 한다고 생각하는 사람에겐 찾아들지 않는다. CEO들은 어느 분야에 있어서 자신보다 잘하는 사람은 없고 자신은 정말 사람들이 좋아하는 호감형이라고 생각하며, 자신 있고 밝게 행동한다. 자신을 믿고 격려하는 자기암시 습관을 가지지 않는 이상, 진정으로 운 좋은 사람이 되긴 힘들다.

25 자신이 하고 싶어하는 일을 안다

네가 좋아하는 일을 직업으로 삼으면 평생 일할 필요가 없다.

—공자

얼마 전 직장인을 위한 강연회에 갔는데 마흔 넘은 직장인이 다음과 같은 이야기를 하는 것을 듣고 안타까웠다.

"지금까지 산 것이 헛되게 느껴집니다. 직장을 그만두고 다른 일을 시작하고 싶은데 마누라가 반대합니다. 어떻게 설득해야 할까요? 더 큰 문제는 직장을 그만두고 싶은 마음은 절실한데 무엇을 해야 할지는 막막한 것입니다."

우리가 10대였을 때는 20대에는 자신이 어떤 사람이고 진정한 재능이 무엇일까 하는 의문이 해결되리라 생각한다. 하지만 많은 경우, 세월이 흐른다고 저절로 해답을 알게 되는 것은 아니다. 오히려 처자식이 딸리고, 당장 발등의 불이 된 문제를 해결하려다보면 세월의 짐은 갈수록 쌓여 시지프스의 바위처럼 어깨를 짓누른다. 여행을 떠나는 것은 즐거움이지만 목적지 없는 가출은 두려움이다.

과연 좋아하는 일과 잘하는 일 중 무엇을 어떻게 해야 인생에서 후회하지 않는 훌륭한 선택일까? 이보다 더 근본적으로 고민해야 할 일은 과연 자기가 무엇을 잘하고, 무엇을 좋아하는지를 파악하는 것이었다. CEO들을 인터뷰해보면 한결같이 자신의 강점과 약점을 일목요연하게 정리, 파악하고 있어 신기했다. 이것은 단지 재능만을 의미하는 것은 아니다. 자신의 조직 적응 특성, 종합과 분석 측면에서의 비교우위 등 사물에 대한 접근 태도, 사무 처리 습관에 대해 꼼꼼히 자신을 파악해 10분 정도는 무리 없이 프레젠테이션할 수 있었다. 반면에 일반 직장인들에게 이 같은 질문을 던졌을 경우, 대부분 두루뭉술하거나 자신의 데이터베이스에 대해 생각해본 적조차 없는 경우가 많았다.

과연 CEO들은 직업 선택에서 자신이 좋아하는 일과 잘하는 일의 비율을 어떻게 취하고 선택했을까. 가장 많은 대답은 역시 자신이 좋아하는 일, 즐겨 하는 일을 했다는 것이었다. 하지만 취미를 직업으로 삼는 것의 위험성도 조심스럽게 지적되었다. 두 번째는 좋아하는 일과 잘하는 일이 맞설 때 잘하는 일을 해야 한다는 주장도 있었다. 성과가 보장되지 않는 짝사랑은 지칠 수밖에 없다는 게 그 이유였다. 다음으로는 재능과 취미 자체를 일로 삼을 수 있지만, 그것이 여의치 않을 경우 그 재능과 취미를 여가로 할 만한 여유를 확보할 수 있는 직업을 갖는 것도 한 방법이란 대답도 있었다.

아는 사람, 좋아하는 사람, 즐기는 사람

(주)이노디자인의 세계적 산업디자이너 김영세 대표는 자녀교육 면에서도 이노베이터이다. 그의 아들 윤민 군은 록 가수다. 세계적 디자이너이자 사업가인 아버지로서 아들의 이 같은 선택을 한국적 정서상 극구 말렸을 법도 했다. 아들의 선택을 가로막다 못해, 심지어 다시는 아버지를 볼 생각도 하지 말라고 엄포를 놓기조차 하는 것이 우리 주위에서 심심찮게 벌어지는 풍경이다. 이런 사정이 연상되어 그에게 조심스럽게 아들의 직업 선택에 대한 만족도를 물어보았다. 그는 아들의 이 같은 진로 선택에 천하태평인 것을 넘어 자랑스러워하는 표정을 지었다.

"인생에서 모든 사람은 복을 두 번 받고 태어납니다. 하나는 재주를 타고나는 것이고, 두 번째는 자신의 재주를 자각할 계기를 갖는 것이지요. 명확한 골 세팅을 할 수 있도록 자신의 재능을 발견한 것이 축하할 일이지, 왜 말릴 일이겠습니까. 정말 황당한 것은 성인이 되어서조차 부모에게 '나 뭐 했으면 좋겠어?' 하고 묻는 것 아니겠습니까. 저 또한 형 친구네 집에서 디자인 책을 보고 이 길을 선택한 뒤 부모님과 투쟁했지요. 허허!"

김 대표는 타고난 A를 억지로 B로 만들면 자기가 타고난 재능을 못 쓰게 된다고 강조했다. 모든 사람은 창의적으로 태어나는데 사람을 그루핑(grouping)화, '~같이' 되라고 몰개성화하는 것은 미친 짓이란 이야기다. 50대 나이답지 않은 맑은 소년의 모습을 간직한 그가 말을 이어나갔다.

"이젠 특출하지 않으면 살아남기 어렵습니다. 천차만별의 사회에서 수천만 개의 옵션이 존재하는데 그 범위를 왜 좁히려고 합니까. 이제 우리도 단체주의에서 벗어나 개인의 특성을 키워주는 개인주의로 나가야지요. 범상하게 생각해서 될 일은 없습니다. 꿈을 이루기 위해선 인생을 통째로 걸고 매달려야지요. 따라가는 사람과 이끌고 가는 사람의 룰은 엄청난 차이가 나게 마련입니다. 그러기 위해선 좋아하는 일을 해야지요."

요는 남의 복사판이 아니고 원판인 삶을 살면 스스로 하는 일이 힘들어도 힘든 줄을 모르고, 주위에서도 돕게 되며 성과가 나게 돼 있다는 것. 싫은 일을 하는 사람은 주위에서 돕지도 않지만, 돕는다 하더라도 결과적으로 지원이 되지 않고 옥상에서 떨어뜨리는 행위밖에 안 될 수 있다. 그 지원에 의지하여 싫어하는 일을 하는 기간이 더 길어질 것이기 때문이다.

"자신의 적성을 찾는다는 것은 인생의 첫 단추를 제대로 꿴다는 것과 같은 말이지요. 우선 자신이 잘하고, 하고 싶은 일을 찾으면 남보다 열정적으로 일하고도 힘든지 모르지요. 열정과 재능을 가지고 달려들면 천하무적입니다."

하지만 적성과 취미를 직업으로 삼고 있는 것에도 함정이 있다. 취미와 직업의 차이는 연애와 결혼의 그것과 같다. 현실과 유리된 채 좋아하는 것과 생활의 기반으로 삼는 것과는 하늘과 땅 차이임을 알고 뛰어들어야 한다는 지적이었다.

자칫 좋아하는 일을 직업으로 삼는 것은 축복이 아닌 저주가 될 수도 있다. 마치 연애를 할 때는 연인의 예쁜 모습만 보지만, 결혼하면 배우자의 눈꼽 낀 모습까지 다 보아야 하는 것과 마찬가지 이치다.

배낭여행 전문 여행사 '신발끈'의 장영복 사장은 자신의 대학 시절 취미인 배낭여행이 업으로 이어진 사람이다. 여행을 업으로 삼아 여행사를 운영해온 지 20여 년. 과연 그는 하고 싶은 일과 해야만 하는 일 사이의 틈을 어떻게 메워 성공을 거두고 있을까?

그를 만나러 홍대 앞 사옥을 찾아갔을 때 장 사장은 마흔의 나이가 무색하게 스포츠형 짧은 머리에 여행사의 유니폼 티셔츠를 입고 있어 20대 대학생 같은 풋풋한 모습이었다. 신혼여행으로 6개월간 대륙을 횡단하고, 마음 내키면 짐 싸서 2개월씩 여행을 떠나곤 한다는 장 사장을 보며 지인들은 오히려 날이 갈수록 어려진다고 말한다. 여행을 좋아하는 다른 친구들이 장 사장을 따라서 관련 여행업에 뛰어든 적은 없느냐고 물으니 장 사장은 축구에 비유해 대답했다.

"열 번 슈팅을 시도하더라도 결국 골인할 수 있는 것은 한두 개에 불과합니다. 다만 누가 더 지치지 않고 공을 계속 차느냐, 아니면 중도에 주저앉느냐 하는 차이가 있지요. 아무리 자신이 좋아하는 일이더라도 끈기가 없으니 나가떨어지더군요. 자신이 좋아하는 일이라고 택했다면 다른 길을 넘보지 않고 배수진을 쳐야 해요. 그런데 취미를 직업으로 택한 사람들이 착각하기 쉬운 게 직업을 취미로 생각하는 것이지요. 그러면 백전백패예요. 직업은 직업이게 마련이거든요. 취미를 직업으로 삼는 것은 좋지만, 직업을 취미로 생각하면 곤란하지요. 여행을 좋아해 직업으로 택하고 싶다고 찾아오는 젊은이들이 종종 있어요. 그런 친구들에게 꼭 말해주지요. 험한 일, 힘든 일을 오랫동안 배길 자신 없으면 돈 벌어서 가끔 여행 즐기는 게 훨씬 낫다고요."

내가 무대에 직접 설 수 없으면 남이 서도록 돕는다

그렇다면 우리 사회에서 성공한 이들은 모두 적성을 좇아 정상에 오른 것일까. 그것이 최선의 성공 요인임은 분명하다. 하지만 좋아하는 것과 잘하는 것이 일치되지 않는 경우에 그들은 어떻게 조화시켰을지가 궁금했다. 단지 자신이 하고 싶은 일을 했다는 것만으로 아무도 알아주지 않는 고독한 1인분 성공에 안분자족해야 할까? 내가 관찰한 것은 최고경영자들은 자신이 모자라면 그 관심 분야에서 남을 도왔다는 점이었다. 재능을 그대로 발현하지는 않더라도 재능과 관련된 분야로 접합시킬 능력을 가진 게 이들의 성공 요인이었다.

자신의 재능이 없다고 판단되면 과감히 접고, 그 분야의 테두리 안에서 일하되 남을 지원하는 쪽으로 방향을 트는 식으로 유연하게 사고했다는 이야기다. 적성과 재능이 겹쳐 일찍이 밝은 등대를 보고 찾아간 1번은 행운 케이스로 드문 경우였다. 국내의 주입식 교육 실정에서 자신의 재능이 무엇인지 일찍이 드러나 발견하는 것이 어려운 것도 한 이유일 것이다.

요컨대 적성과 재능을 따르는 것은 중요하다. 하지만 이를 직역하지 않고 자신의 처지에 맞춰 재해석, 자신이 원하는 바가 무엇인지를 아는 것은 더 중요하다. 꿈보다 해몽이 더 중요하다고나 할까. 예를 들어 이야기를 잘하는 사람이 택할 분야는 변호사에서부터 강연 · 저술가, 탤런트 등 무궁무진할 것이기 때문이다.

좋아하지만 능하지 못한 경우, 선수를 키워내는 기획자로서 성공을 거두는 그룹이다. 스포츠에 비기자면 선수로는 별로 빛을 보지 못했지만 코치로 빛을 본 히딩크 감독 같은 부류다. 마술을 산업으로 정착시켰다는 평을 받는 (주)비즈매직의 최병락 대표가 이 경우에 속한다. 국내 마술 시장 100억 원대를 연 개척자적 인물이다. 만나보니 20대 후반의 나이로 아직 솜털이 보송보송한 그는 CEO라기보다는 신입사원의 앳됨이 그대로 풍겼다.

최 대표는 재수를 하며 우연히 마술을 보고 손가락이 파르르 떨리는 듯한 전율을 느꼈다고 한다. 압구정 키드로 자란 그는 마술은 서커스단이나 하는 것이라고 만류하는 부모를 설득, 외교관의 꿈을 접고 마술 비즈니스를 시작했다. 문제는 끼와 손가락 감각. 마술을 좋아했지만 손가락 감각 등의 면에서 재주가 꿈을 따라가지 못한다는 것을 즉시 깨달았다. 그 이유로 꿈을 포기할 수는 없었다. 대신 자신보다 뛰어난 마술사를 양성하기로 마음먹었다. 이은결, 최현우 등 스타 마술사가 그의 손에서 키워졌다. 자신이 좋아하는 일을 직업으로 삼는다는 것에서 '한다'는 의미를 꼭 자기가 무대 위에 서야 한다는 좁은 범위로 한정시킬 필요는 없다. 그 물에서 놀되 자신의 역량과 어떤 최대공약수를 찾을 것인가가 더 중요하다.

취미와 직업을 다양하게 접목시킨다

세 번째는 세상의 흐름을 좇되, 정상에 오른 뒤 자신의 취미를 일과 매치시켜 부가가치를 창출하는 경우다. 유승엽 전 더 클래스 효성 사장은 건축공학도. 하지만 그는 첫 직장인 SK에 입사한 뒤 건축공학도로서의 꿈을 아낌없이 접었단다. 결국 돈의 흐름을 좌우하는 것은 마케팅 부서이고, 공학도는 그들의 요구에 맞춰주는 하부 부서란 생각이 들어서였다. 결국 그는 마케팅에서 성과를 발휘, 초고속 승진을 했다. 그는 CEO에 오른 뒤 사옥 건물을 디자인함으로써 오랫동안 꿔온 건축 디자이너로서의 꿈을 우회적으로나마 이룰 수 있었다.

채윤희 올댓시네마 대표는 연극배우가 되고 싶었다. 하지만 연극배우를 하는 오빠가 자신의 연기에 대해 혹평하는 것을 듣고 미련 없이 마음을 접었다. 그 이후 영화 홍보의 대모로서 자리를 굳히고 있다. 하지만 그들의 미적, 예술적 재능은 현업에서 성공적 백그라운드가 돼주었다.

윤은기 서울과학종합대학원 부총장은 지금 방송인, 경영 컨설턴트로 활발히 활동 중이다. 하지만 그의 당초 꿈은 소설가였다. 그가 신문 · 잡지에 활발히 기고하고 있는 칼럼이 대중적 인기를 얻고 있는 것도 소설가적 문재(文才)가 발휘된 결과다.

최고의 성공을 거둔 사람들은 그들의 적성을 업으로 삼지 않았더라도 자신의 일과 연결시킬 줄 안다. 자신이 좋아하는 일을 찾고, 그것을 하는 것은 중요하다. 하지만 주의할 것은 좋아하는 일의 범주를 너무 좁게 국한시키지 않는다는 것이다. 그것이 성공한 CEO들의 직업 선택 기준이었다. 커피를 마시러 가자는 말은 단지 커피뿐 아니라 차 전체를 포괄하고 더 나아가 이야기를 함께 나누자는 의미를 갖고 있다. 마찬가지로, 자신의 소질을 직업으로 삼아야 한다고 외곬로 추구하기보다는 현재의 조건과 어떻게 조화시킬지를 생각하는 것이 보다 중요하다는 게 CEO들을 만나며 얻은 결론이었다. 최고경영자들은 자신의 재능과 진로에 대해 고민하는 이들에게 다음과 같은 당부를 잊지 않았다.

"삶의 CEO가 되고 싶다면 충분한 자기 탐색과 방황은 필수입니다. 다만 중요한 것은 뛰면서 방황도, 모색도 해야 한다는 것입니다. 현재 자신이 하는 일을 충실히 하면서 하고 싶은 일을 찾아야지, 하고 싶은 일을 찾으면 열심히 하겠다는 것은 죽도 밥도 안 되는 일입니다. 지금 해야만 하는 일을 똑 부러지게 하면 하고 싶은 일과의 접점은 반드시 찾아지게 마련입니다."

체력과 외모도 경쟁력이다

26

자신의 건강을 돌볼 겨를이 없는 사람은
공구를 손질할 시간이 없는 기술자와 같다.
— 스페인 격언

커플 매니저, 즉 현대판 중매쟁이라고 할 수 있는 이들의 이야기를 들어보면 커플 성사율이 낮은 유형이 정해져 있다고 한다. 자신의 외모를 전혀 꾸미지 않고 자신은 있는 그대로를 보여주었으니 좋아하려면 하고, 말라면 말라는 오불관언형이다. 이른바 콘텐츠 과신형이라는 것. 하지만 과대포장형이 실망을 준다면 이 같은 콘텐츠 과신형은 아예 상자를 열어볼 기회조차 박탈당하는 경우가 많다는 지적이었다.

사람들은 믿지 못할 정도로 외모에 영향을 많이 받는다. 유행에 앞서갈 필요는 없지만 자신만의 이미지를 판다는 것이 성공에 유리한 것임엔 틀림없다. 최근 CEO들을 대상으로 한 다양한 PI(Personality Identity: 개인 이미지) 컨설턴트 업종이 뜨고 있는 것도 무관치 않다.

한때 사장 하면 배 사장으로 통하던 시절이 있었다. 배가 불뚝 튀어나온 것은 그 옛날 궁핍했던 시절에는 부와 명예, 심지어 인격의 상징이었다. 이는 중세 유럽 때에도 마찬가지였다고 한다. 음식과 물자가 귀하던 시절, 유럽 귀족들은 서민들에겐 희소한 설탕을 맘껏 섭취할 수 있었고 당연히 뚱뚱할 수밖에 없었다. 이제 나온 배와 인격이 비례한다는 이야기가 물 건너간 지 오래다. 체력 관리는 자기 관리이고, CEO의 몸은 홀몸이 아니기 때문에 자신의 체력을 챙기지 않는다는 것은 곧 책임 유기와도 통할 수 있다.

요즘 CEO들을 만나면, 배불뚝이 비만형은 보기 어렵다. 예전에는 명품 와이셔츠 위에 낡은 재킷을 걸쳐 검소함을 가장했다고 하는 웃지 못할 이야기도 있었다. 하지만 이 역시 옛날이야기다.

유행을 앞서 가지는 않더라도 적어도 자기만의 멋스러움과 외적인 매력을 하나씩은 갖추고 있는 게 필수다. 모 회장은 지금도 배에 왕(王) 자가 새겨지는 근육질 몸매를 유지하고 있다는 이야기가 돌 정도다. 그의 나이를 알기 전 한 포럼 자리에서 만나 정확한 나이를 물어보니, 맞춰보라며 퀴즈를 냈다. 여러 가지 경력으로 하면 나이가 많이 든 것 같았지만, 겉으로 보기엔 50대 초반으로밖에 보이지 않았다. 나중에 인터넷 인물 검색으로 알아보니 60대 중반. 그의 비결은 규칙적 운동과 소식(小食)이었다.

자기 절제가 곧 젊음의 비결

40대 후반의 헤드헌터 유순신 유앤 파트너스 사장. 그녀는 헤드헌터계의 대모로 통하는 얼짱 CEO다. 유 사장을 모르는 이는 사진만 보고는 연예인으로 착각할 정도다. 사진만 보고 연예인으로 생각했다가 그의 쟁쟁한 이력을 듣고는 한 번 더 놀라고, 나이를 듣고는 한 번 더 놀란다.

그녀를 인터뷰하러 갔을 때 분홍색 남방에 가볍게 꽃무늬 스카프를 두른 세미 캐주얼 차림의 모습은 그녀의 지성과 성격을 자연스럽게 드러내 주었다. 저절로 인터뷰도 외모에 대한 찬탄으로 말문을 열게 되었다. 외모에 대해 관심을 기울이는 것에 대해 여자 CEO에 대한 편향성으로 대뜸 받아치지는 않을까 하는 우려도 없지 않았다. 하지만 기우였다. 10년 이상 젊어 보이는 미모에 대한 그녀의 대답은 자기 관리였다.

"저는 외모도 자기 커리어 관리 중의 하나라고 생각합니다. 저 역시 직업상 많은 CEO, 우리 사회의 리더를 만납니다. 그들을 만나면 느끼는 것이 남녀 막론하고 나이보다 젊어 보인다는 것이지요."

"기업의 CEO로서 하고 싶은 대로 살 수 있으니 젊어 보이시는 것 아닙니까? 아무래도 다양한 노화 방지 의료 서비스도 받으실 수 있고요."

유 사장은 이런 나의 반문에 고개를 갸우뚱하더니 이렇게 말했다.

"글쎄요, 과연 그럴까요? 저는 리더들이 청년형 외모를 가진 것은 자기 절제와 관리의 결과라고 생각합니다. 남보다 만족스런 일을 했기 때문이라고 생각하지만 생각하기 나름이지요. 리더로서 스트레스가 몇 배 더 많고, 과로도 많이 해 건강을 해칠 기회는 오히려 더 많은 셈이거든요. 체력과 건강 절제, 스트레스 통제, 그것이 바로 젊음의 비결이고 성공의 한 요소이기도 하지요."

유순신 사장의 이야기를 들은 다음부터 그간 지나쳐버린 CEO들의 식

습관을 유심히 관찰해보았다. 관심을 갖고 보니 그들은 대부분 소식주의자였다. 풀코스 식사일 경우, 야채를 빼고는 아예 미리 중간의 요리 하나는 건너뛰고 갖다달라고 부탁하든지, 스테이크를 작은 것으로 갖다달라고 해 원천적으로 식욕을 조절하는 이도 있었다. 또 한 상 가득 차려지는 한정식의 경우엔, 되도록이면 소식하고 간장 등은 물을 타서 짜게 먹지 않는 등 나름대로 관리하고 있었다.

CEO들의 건강 관리, 외모 관리, 습관 등에 관심을 가지던 중 조현정 비트컴퓨터 회장을 취재할 일이 있었다. 마침 가던 날, 《매일경제신문》에 그의 다이어트 기사가 나서 내친김에 잘됐다는 생각이 들었다. 기사에 의하면 해초 가루 다이어트 등을 통해 몸무게를 3킬로그램 빼고, 벨트 구멍이 한 칸 줄었다고 되어 있었다. 요즘 다이어트를 시도하게 된 계기가 문득 궁금했다. 더구나 그는 별로 비만형도 아니었다.

"저는 사업이란 무형의 자산을 파는 것도 포함된다고 생각합니다. 그런 점에서 단정하고 깔끔한 이미지가 중요합니다. 우리 그룹 산하 비트교육센터에서 입학생들을 면접할 때도 같은 이야기를 합니다. 시골에서 올라온 지 얼마 안 돼, 시쳇말로 때를 벗지 못한 친구에겐 이미지 경영을 이야기해줘요. 압구정동에 가서 이발하고 오라고 말합니다. 연예인처럼 되라는 이야기가 아니라, 자기에게 맞는 스타일을 안다는 것은 중요하다고 생각합니다."

외모와 체력 관리는 곧 자기 절제 습관과 통한다. 이것만 먹고 다음부터는 안 먹어야지 하는 것이나, 오늘까지만 이렇게 하고 내일부터 혁신해야지 하고 미루는 것은 모두 같은 사고다. 오늘 하기 힘든 것은 내일 하기도 힘든 법이다. 이 같은 작은 단련이 큰 성취를 만든다. 체력과 매력은 자기 절제력에서 나온다.

Chapter 3

CEO의 일하는 습관

CEO들은 의도적으로든, 자연스럽게든 자신과 자신이 속한 직업을 숭고한 성직으로 알고 '봉직' 하려 생각한다. 그 같은 직업 마인드를 갖고 일한다면 오히려 이에 따르는 인정과 성과는 케이크 위에 뿌려놓은 설탕에 불과하다. 자신의 일 또는 상품이 한국, 더 나아가 세계에 기여하는 의미가 크다고 생각하는 사람은 아침 출근길부터가 가뿐하다. 대한민국에, 지구상에 보탬이 되는 일을 스스로 하고 있다고 자부심을 가져서다. 자신의 일에 명분과 가치 부여를 하는 데서 성공의 첫걸음은 시작된다.

27

사소한 일에도 특별한 가치를 부여할 줄 안다

가치 있는 목표를 향해 출발하는 순간
이미 성공에 다가서는 것이다.

--미국 속담

아프리카 민담에 이런 이야기가 있다. 장가갈 때 신랑 되는 남자가 처가에 암소를 한 마리 이상씩 주는 풍속을 가진 어느 부족이 있었다. 그런데 그 부족 추장의 아들에겐 짝사랑하는 처녀가 있었다. 그 처녀는 다른 사람들이 보기엔 별 볼품이 없고 삐쩍 마른 말라깽이였다. 추장 아들이 그녀에게 청혼을 하자 부족 사람들의 호기심은 신부에게 암소를 몇 마리나 갖다줄까에 몰렸다. 추장 아들이 몰고 간 암소는 자그마치 아홉 마리. 부족 사람들이 그 처녀의 가치가 과다 계산된 것에 벌린 입을 다물지 못하며 물었다.

"아니, 한두 마리만 갖다주어도 신부로 맞을 수 있을 텐데 왜 아홉 마리나 갖다주셨습니까?"

이에 추장 아들이 대답했다.

"제가 암소 한 마리를 갖다주면 제 아내는 한 마리의 가치밖에 안 되지만, 아홉 마리를 갖다주면 앞으로 그 이상의 가치로 우리 마을에서 행세할 수 있을 것 아닙니까?"

가치 부여의 명수다

일에서의 가치 부여에도 똑같이 적용된다. 남들이 보기에도 대단한 일에 가치를 부여하는 것은 쉽다. 벽돌 한 장을 단지 노동의 대상으로 생각하는 사람과, 돈으로 환산하는 사람과, 자신이 쌓아올릴 건축물의 주춧돌로 생각하는 사람이 일하는 데 있어 하늘과 땅의 차이가 나는 것도 이 때문이다. 자신의 일에 가치와 의미를 부여하는 것에 따라 같은 일이라도 그 비전과 평가는 큰 차이가 있기 때문이다. 스스로 가치를 부여하지 못하는 사람은 남에게 자신의 가치를 전달하려야 전달할 방법이 없다. 돈 때문에 목구멍이 포도청이라고 죽지 못해 일하는 사람과, 가치 때문에 일하는 사람은 눈빛부터가 다르다

몇 해 전 취재차 보험 판매원과 일정을 같이하며 그들을 쫓아다녀본 적이 있다. 이를 통해 보험 판매를 잘하는 이와 못하는 이의 차이가 무엇인가를 자연스럽게 관찰할 수 있었다. 이들이 하루 종일 고객을 방문하고 설득하는 데 드는 발품은 비슷했다. 성과가 높아 사무실에서 무궁화 몇 개씩을 붙이며(보험 사무실에선 판매고가 높은 이의 성과를 나름의 방식에 따라 스티커나 그래프 등을 부착하여 사무실에서 공개하는 곳도 있다) 그래프가 높이 올라가는 A의 설득 방식은, 매일 실적이 바닥을 기는 낮은 판

매고의 보험 판매원 B와 그 차원이 달랐다. A의 고객 상대 방식을 보니 상대방에게 보험이 얼마나 유용하고 사고에 대비해서 필요한 것인가 말하며, 오히려 이 같은 귀중한 정보를 전하는 자신에게 고마워하라는 듯이 이야기를 자신 있게 건넸다. 반면에 B는 주로 일가친척 등 친지를 찾아가 보험 하나만 제발 들어달라는 식으로 통사정을 했다. 자신이 파는 상품에 자부심이 있으면 고객을 위한 서비스가 되지만, 자신의 상품에 자신이 없으면 강매 내지는 읍소가 될 수밖에 없다. 상대를 위한 서비스는 더 큰 선순환을 낳지만, 통사정은 한 번 이상 하기 어렵다.

"열정이 없는 사람에겐 돈도 꿔주지 말라"는 말이 있다. 자신의 일에 대한 열정은 자신이 좋아하는 일을 한다는 것 등 여러 가지에서 발생할 것이다. 이 못지않게 중요한 것은 자신의 일이 세상에 보탬이 된다는 가치 부여에서 발생한다. 자신이 좋아하는 일, 잘하는 일, 돈 되는 일, 이 세 가지 조건을 갖추었더라도 세상에 도움이 되고, 가치가 되지 않는다고 생각한다면 결코 자부심을 가질 수 없을 것이다. 또한 열정도 오래가지 못한다.

CEO들은 어떤 분야에서든 자신의 상품, 하는 일에 가치 부여를 하는 데 명수다. 가치와 수치는 이란성 쌍둥이다. 가치가 있어야 이익이란 수치도 발생한다.

C사장에게 들은 이야기다. 동안인 그는 20대엔 늘 나이가 들어 보이고 싶은 게 소원이었다. 그 일환으로 일찍이 버릇을 들인 게 담배였다. 당시 사귀던 애인에게 좀 더 폼 나게 보이고 싶은 마음도 작용했다. 그렇게 폼으로 배운 담배가 마흔 살이 되니 건강에 문제가 되었다. 처음 시작할 때

는 마음대로 되었으나 끊으려 할 때는 마음대로 되지 않는 게 바로 담배였다. 금연초도 피워보고, 금연 교실도 다녀보고 온갖 노력을 다해도 마음대로 안 되었다. 스트레스가 쌓일 때면 생각나는 담배 한 대의 유혹을 이길 수가 없었다. 그래서 생각한 게 담배를 끊기 위한 그 나름의 명분 부여였다.

"『삼국지』, 『초한지』 등 온갖 고전을 다 뒤졌어요. 영웅호걸들이 술 마시고 호색한 이야기까지는 나오는데, 아무리 찾아봐도 담배 피웠다는 이야기는 안 나오더군요. 담배 피우는데 대한 별 대의명분이 없다는 생각을 하자 담배에 대한 미련이 깨끗이 사라지더군요."

한 편의 개그 소재 같은 이야기였다. 담배 하나를 끊자고 그 두꺼운 고전의 온갖 글귀를 이 잡듯 뒤졌다는 성열이 놀랍기도 하고 시간 낭비 같기도 했다. 그러나 자신이 하려는 행동에 대한 명분, 가치 부여가 결정적 계기가 되었다는 것에는 이해가 갔다. 단지 호들갑 떠는 것으로 봐서는 안 된다. 자신의 일, 상품에 대의명분을 붙이는 게 CEO의 공통된 습관이다. 가치는 가치가 있어서 부여되기도 하지만, 가치 부여를 해서 새로운 의미가 창출되기도 한다.

김순환 동부화재 사장을 인터뷰했을 때의 일이다. 그는 보험업을 천직을 넘어 성직으로 시종 비유했다.

"외국에선 보험업이 3대 성직에 속한다고 합니다. 마음의 병을 고쳐주는 신부 · 목사, 신체의 병을 고쳐주는 의사, 그리고 보험. 가정 경제의 어려움을 해결해준다는 점에서 그만큼 중요하다는 이야기지요. 당장 눈앞의 성과를 올리는 데만 급급하면 지치게 마련이지요. 진정으로 상대방의 이익을 도모하고 숭고한 정신으로 재무장하면 성과는 물론이고 자신의 일에 보람과 긍지를 느낄 수 있지 않겠습니까."

사업을 하는 데는 수치도 중요하다. 하지만 수치를 넘어 가치를 설득하지 않고서는 자기에게도, 남에게도 감동을 일으킬 수 없다.

내가 하는 일은 모두 귀하고 아름답다

명분이 크고 높기에 경쟁 상대도 거창한 상대로 잡는다. 영화 〈왕의 남자〉에서 광대 장생이 판을 벌일 장소로 택한 곳은 동네 살판이 아니었다. 왕 연산군의 궁전에서 판을 벌였기에 그는 세기의 광대로 이야깃거리가 되었다. CEO들도 마찬가지다. 이들은 음료수 하나를 만들 때도 그냥 과일을 갈아 만든 음료수라고 생각하는 것 이상으로 생각한다. '아' 다르고 '어' 다른 법이다. 일개 음료수 하나를 만든다는 사람과, 소비자의 건강과 혼을 존중하는 명품 음료를 만들겠다는 명분을 갖고 만드는 사람과의 전투는 싸워보나마나 뻔하다. 그렇기 때문에 명분이 곧 실리와 통하고 실리가 곧 명분과 통할 수 있다.

CEO들은 제품이든, 개인이든, 무슨 일이든 역할과 가치에 대한 의미 부여부터 시작한다. 자신의 존재 이유, 시대가 요구하는 당위성을 생각해야 비로소 가치와 비전도 창출되고 마케팅 전략도 세울 수 있어서다. CEO들을 만나서 이야기하면 "이건 정말 가치 있는 일입니다"라고 서두를 시작하는 경우가 많다. CEO들은 가치와 비전 없이 당장 눈앞의 돈만 벌려고 하는 것은 '언 발에 오줌 누기'와 같다고 믿는다. 당장은 따뜻하게 느껴질지 모르지만 오히려 발이 시려워지기 십상이기 때문이다. 좋은 제품, 의미 있는 인생은 괜찮은 제품철학, 인생철학이 없으면 힘들다. 단지 생계를 위해 만드는 것과, 인류의 건강과 복지 증진을 위해 만드는 것이라고 혼을 불어넣으며 만드는 것은 제품, 상품에 담긴 에너지부터 다르다. 조영주 KTF 사장은 젊은 시절, '내가 만나는 모든 사람, 내가 하는 일은 모두 귀하고 아름답다' 는 경구를 거울에 붙여놓고 항상 보았다고 한다.

이처럼 CEO들은 의도적으로든, 자연스럽게든 자신과 자신이 속한 직업을 숭고한 성직으로 알고 '봉직' 하려 생각한다. 그 같은 직업 마인드를 갖고 일한다면 오히려 이에 따르는 인정과 성과는 케이크 위에 뿌려놓은 설탕에 불과하다. 자신의 일 또는 상품이 한국, 더 나아가 세계에 기여하는 의미가 크다고 생각하는 사람은 아침 출근길부터가 가뿐하다. 대한민국에, 지구상에 보탬이 되는 일을 스스로 하고 있다고 자부심을 가져서다. 자신의 일에 명분과 가치 부여를 하는 데서 성공의 첫걸음은 시작된다.

28 자투리 시간을 전략적으로 활용한다

과거에는 사람들이 돈을 절약하기 위해 시간을 투자했다.
요즘은 시간을 절약하기 위해 돈을 투자한다.

-- 존 해먼드 미국의 경영자

"당신의 시간당 보수를 계산해본 적이 있습니까?"
오랜만에 만난 P사장이 생뚱맞게 물었다. 뻘쭘해서 당황하는 내게 그는 답을 기대하고 물어본 것이 아니란 듯 너털웃음을 짓더니, 설명을 덧붙였다.

"연봉÷365÷24로 하면 자신의 시간당 몸값이 나오지 않습니까. 이를 역순으로 생각해봅시다. 즉, 자신의 시간당 가격을 높이면 장래에 자신의 몸값도 높아지게 되어 있는 것이지요."

그의 신선한 해석이 나를 자극시켰다. 몸값을 불리기 위해선 하루의 시간값을 높이라는 이야기 아닌가. 누구에게나 시간은 하루 24시간 공평하다. 직장인이라면 CEO나 말단직원이나 자투리 시간 테크에 집중될 수밖에 없다. 예전엔 시테크 자체가 목적이었으나 요즘의 트렌드는 빨리 일하고 틈내서 하고 싶은 일을 하자는 것이다. 시간 자체를 쪼개 쓰는 게 목표가 아니라, 남는 시간을 만들어 나의 시간을 만들자는 게 포커스다. 시간은 주어지는 게 아니라 만드는 것이다. 이 같은 틈새 시간 보물찾기는 고금(古今) 성공한 사람들의 공통 요소다.

옛날 중국의 구양수는 문장을 만들 때 뛰어난 생각이 나는 장소 세 곳으로 마상(馬上), 침상(枕上), 측상(側上) 등 3상을 들었다. 그 중 침상은 눈을 떴을 때부터 기상하기까지의 시간을 뜻한다. 마상이란 이동 중을 뜻하고, 측상이란 화장실이란 점에서 이들 시공간의 활용이야말로 자신의 시간을 활용하는 '숨은 1인치' 로서 오늘날과 다를 것이 없다.

숨은 시간 찾기

문제는 숨은 시간이 존재하기는 하되 찾아나서지 않는 자에겐 미지의 세계란 점이다. 마치 보물찾기처럼 찾으러 나선 눈 밝은 사람에게만 보인다는 것이다. P사장의 말을 듣고 숨은 틈새 시간을 찾아보기로 했다. 출퇴근 시간, 정거장에서 차 기다리는 시간, 엘리베이터 기다리는 시간, 약속보다 먼저 갔을 경우 남는 약간의 시간 등……. 도저히 없을 것 같던 틈새 시간들이 꽤 많았다. 큰일을 하려면 틈새 시간을 잘 활용하라. 최고경영자들의 시간 관리 핵심이었다.

C회장은 이동할 때 신문과 책을 챙기는 것으로 유명하다. 그의 운전기사로부터 들은 이야기다. 어느 날 약속 장소를 향해 출발했는데 5분 만에 다시 차를 돌리자고 이야기하더란 것이었다. 기사는 순간 무슨 긴급 상

황이 발생했나 당황했다. 하지만 C회장의 답은 의외였다. "자투리 시간에 읽을 신문을 챙기지 않았으니 가져와야겠다"는 것이었다.

자투리 시간에 신문이든, 아이디어 수첩이든 무엇인가를 챙기는 것은 CEO들의 공통된 습관이다. 이들의 자투리 시간 경영 습관은 크게 세 가지로 분류해볼 수 있다.

첫째는 사람들과의 관계 개선용으로 쓰는 것이다. 자투리 시간에 문자를 보낸다는 것도 CEO들의 자투리 시간 활용 순위 중 빠지지 않는다. 영업 전화에도 반드시 콜백을 해줄 정도로 신속하고 정확한 회신으로 유명한 김순진 (주)놀부 사장. 그는 자투리 시간에는 시정(詩情) 어린 문자 메시지로 상대방에게 감동을 배달한다. 이채욱 GE코리아 회장은 출장 중에도 가족에게 짬짬이 e메일을 날렸다. 일정이 빡빡해 글자 쓸 시간도 없이 이동해야 할 때일지라도 어떻게 지내느냐는 뜻의 물음표 하나를 찍어 보낼망정 엽서나 e메일을 꼭 챙겨 가족에게 보냈다. 그가 자랑스러운 가장으로서뿐 아니라 사랑받는 가장으로 가족들에게 인정받는 것은 바로 이처럼 출장 중 짬짬이 날린 e메일 덕분이란 설명이다. 흔들리는 차 속에서조차 신문 칼럼 등 외부 원고를 쓰는 것도 그의 자투리 시간 활용법으로 빠지지 않는다.

다음은 아이디어 기록 시간으로 활용하는 경우다. 제갈정웅 대림대학 이사장은 약속 시간보다 15분 먼저 도착한다는 생활철학을 갖고 있다. 혹시 시간 낭비는 아니냐는 이야기에 생각과 매무새를 가다듬는 시간으로 삼으면 오히려 선(先)투자란 이야기를 덧붙였다. 그렇다면 남는 15분 동안 그는 과연 무엇을 할까? 그의 주머니에는 손바닥만 한 크기의 메모

리패드가 늘 꽂혀 있다. 약속한 사람과 대화하고자 할 때 빼먹지 말아야 할 이야기, 약속 장소에 대한 단상 등 그날그날의 아이디어를 적노라면 15분은 효율적 투자란 설명이다.

짬은 내는 게 아니고 만드는 것

여타 직장인들과 마찬가지로 자투리 시간에 공부, 자기계발, 독서에 투자한다는 것은 CEO들에게도 보편적이었다. 서영태 현대오일뱅크 사장은 "자투리 시간에 동영상 강의를 보면서 비즈니스 이슈를 쉽게 정리하고 유머나 감동적인 글도 보면서 유머 감각을 키운다"고 말했다. 안철수연구소 이사회 안철수 의장은 엘리베이터를 기다리는 시간에도 책을 본다고 한다. 현역에서 경영자로 일할 당시 그는 "책 읽을 시간이 부족해 틈틈이 읽는 경우가 많다"며 "승강기를 기다리는 동안 책을 읽기도 하는데, 회사 건물의 승강기가 느려서 한 달에 한두 권은 충분히 읽을 수 있었다"고 한 신문과의 인터뷰에서 밝힌 바 있다.

한마디로 장소를 가리지 않고 시간을 활용할 '거리'를 가지고 다녔다는 이야기다. 성공한 CEO들이 바쁜 와중에도 절대로 요약본을 보지 않고 원본을 볼 수 있는 비결은 바로 이 같은 자투리 시간 경영에 있었다.

CEO들의 차에 비즈니스 잡지나 책들이 수북이 있는 것도 이와 무관하지 않다. 자투리 시간을 활용해 독서를 즐긴다는 것이 바쁜 일정에도 불구, 독서광일 수 있는 숨은 비결이었다.

다음은 짧은 낮잠 시간으로 활용하는 것도 빼놓을 수 없는 CEO들의 자투리 시간 관리법이다. 처칠, 에디슨, 나폴레옹 등 몇몇 유명한 사람들이 수면 시간이 짧았는데도 피곤하지 않을 수 있었던 것은 바로 이 같은 낮잠 활용 방식 때문이라고 한다. 모두 야전 침대나 말 위 등 장소의 차이는 있지만 낮잠 예찬론자라는 것도 연관지어볼 수 있다. 처칠은 일찍이 "내 활력의 근원은 낮잠이다. 낮잠을 자지 않는 사람은 뭔가 부자연스러운 삶을 살고 있는 것이다"라고까지 말한 바 있다. 강석진 전 GE코리아 회장은 "점심 식사 후 10분의 규칙적 꿀맛 낮잠은 하루의 원활한 스케줄과 아이디어 생산을 도와준다"고 자투리 시간 활용을 적극 추천한다.

자투리 시간에 대한 CEO들의 다양한 활용 습관을 취재하면서 느낀 것은 어떻게든 시간을 전략적 자원으로 활용한다는 점이었다. "짬은 내는 게 아니라 만드는 것이고, 짬을 만들지 못하는 사람은 평생 남에 휘둘려 산다"는 말이 오래도록 기억에 남는다.

사소한 것에 목숨 건다

29

하버드 MBA를 졸업하고 P&G에 취직해 처음 맡은 일은
삼푸 뚜껑 구멍을 1로 할 것인가, 0.3으로 할 것인가를 결정하는 것이었다.
'일류대 MBA를 갖고 이게 뭐 하는 짓인가' 라는 회의가 들 때
직장 선배가 "네게 주어진 모든 일은 너의 능력을 입증할 수 있는 기회다" 라고 조언했다.

-- 맥 휘트먼 이베이 사장.

'100−1=0'. 『디테일의 힘』이란 책으로 중국 대륙을 휩쓸고 있는 왕중추(汪中求)의 계산법이다. 산술적으로는 '100−1=99' 가 맞다. 그러나 인생에선 '100−1=0' 이라고 그는 주장한다. 1%의 실수와 태만이 100%의 실패를 낳는다. 명품에 클레임이 제기되는 경우도 대개 큰 것보다 사소한 단추 하나의 덜렁거림에서 비롯되곤 한다.

얼마 전 신문에 토익 900점을 넘는 인재들이 회사에 취직, '복사' 따위에 종사하는 것에 대해 우려하는 내용의 기사가 실렸다. 인력 낭비란 내용의 비판이었다. 과연 그럴까?

많은 사람들이 대학이 제 역할을 못한다며 기업에서 재교육을 시켜야 한다고 핏대를 올린다. 하지만 직장에서 신입사원에게 정작 요구하는 것

은 업무에 바로 투입될 정도의 전문 역량이 아니다. 오히려 일을 성실하게 끝까지 해내는 태도이다. 예전의 고승(高僧) 전기를 보면 어떤가. 입산, 절에 공부하러 가서 바로 불경 공부를 하는 법은 없었다. 불목하니로 산에서 나무도 해오고 불도 때고 고승의 공양도 해가면서 분위기를 익힌 뒤, 고승의 허락이 떨어진 뒤에야 책을 붙잡게 되는 것이다. 그 인고의 세월을 견디지 못하고, "내가 불경 공부하러 입산했지, 밥하고 불 때러 들어왔나" 하고 불평하는 이는 결국 득도하기 전 하산하게 되어 있다.

이는 직장에서도 마찬가지다. "내가 이까짓 것 하러 왔나, 좀 더 그럴듯한 것 하러 왔지" 하고 툴툴대면서 아무렇게나 하며 '그날'이 오기만 기다리는 사람은 그날이 오기도 전에 조직에서 도태된다. 지금 이 자리에서 사소한 것을 위대하게 해내지 못하는 사람은 더 큰 것을 잘할 수 없다.

외국계 회사에서 늘 여성 최초란 말을 몰고 다니며 임원을 했던 김남희 씨. 그녀를 임원의 자리에 오르게 한 것은 신출귀몰한 경영 전략이나 카리스마적 리더십이 아니었다. 바로 정성스런 복사 실력이었다.

"부산의 지방대학을 졸업하고 상경해서 제가 맡은 일이 복사였어요. 그때만 해도 사무실에 대형복사기가 귀할 때였습니다. 저는 복사할 때 종이를 대는 판, 덮는 뚜껑을 모두 약품과 걸레로 깨끗이 닦고 종이를 정확히 제자리에 배치한 뒤 복사를 했어요. 혹시라도 복사하면서 나오는 검은 점 등 '잡티'를 없애기 위해서였지요. 그리고 스테이플러도 정확히 일정한 위치에 찍었지요. 언제부터인가 사람들이 복사 서류만 보고도 제가 한 것인 줄 알아보더군요. 하루는 사장님께 낼 결재 서류를 복사하란 지시를 받았어요. 퇴근 시간이 지나서 복사를 하는데 양이 많아서인지 그만 복사기가 고장났지 뭡니까. 비상연락망을 가동해 퇴근한 복사기 회사 직원을 수소문, 협박 반 애걸복걸 반 심야 수리를 부탁해 결국 새벽 3시 무렵에야 겨우 복사를 마칠 수 있었습니다."

이것이 소문이 나면서 사장의 귀에 들어갔고, 사장은 "복사를 이처럼 정성스럽게 책임 있게 하는 직원이라면 무엇을 맡겨도 잘할 것"이란 신뢰를 표하며 그녀에게 가고 싶은 부서를 물어 배치해주었다. 흔히 창의적일 것이라고 생각하는 직업의 종사자들에게도 이야기를 들어보면 '노가다' 가 70% 이상이라고 입을 모은다. 그들은 노가다 70%는 대충 하고 중요한 일 30%만 하겠다는 젊은이가 늘어간다고 한숨을 쉰다.

개그맨들이 유행시킨 말 중에 "그까이꺼" 란 말이 있다. 하지만 자수성가 CEO들이 살면서 최고로 경계하는 말은 이 같은 '그까이꺼' 심리에서 비롯된 '대충, 적당히' 였다. CEO들은 늘 사소한 것을 하면서도 목숨을 거는 소심쟁이였지, '그까짓 것 별 차이가 있나, 대강 해' 하는 대범파는 없었다. 보고서 한 줄 한 글자가 틀릴까, 상사한테 이렇게 하면 혼나지 않을까 전심전력 신경 쓰는 쫀쫀함과 소심성이 오늘의 그들을 만들었다.

CEO들은 대부분 디테일한 데 정성을 기울이는 소심쟁이였다. 이들은 삶을 한꺼번에 굵은 칠 한 획으로 승부를 걸려 하기보다는, 사소한 것을 조심스럽게 확인해나가며 조심조심 그려나가는 덧칠하기로 성공을 만들어냈다.

길고 짧은 것은 대봐야 안다는 말이 있다. 당장은 삼진당해도 홈런만 치면 된다는 슬러거보다는, 단타라도 팀의 승리에 기여하는 안타 제조기를 지향하는 소심파가 결국 정상에 오르는 확률이 높았다. 몰입과 헌신에서 비롯되는 작은 만족감이 쌓이고 쌓여 실력을 만들어냈다.

손욱 삼성SDI 상담역도 같은 취지의 말을 했다.

"흔히 젊은이들이 '이까짓 것' 이란 말을 쉽게 합니다. 하지만 잘못된 말입니다. 이까짓 것을 못하는 사람은 큰 것도 못하는 법이고, 상사도 못미더워 일을 맡길 수가 없습니다. 작은 것 큰 것 가리지 않고 성실히, 열심히 하는 사람에게 기회는 주어지게 마련이지요."

자수성가 CEO들은 신입사원 때부터 스크랩 가위질을 하든, 복사를 하든 자신이 현재 하고 있는 일에 몰입하고 헌신했다. 자신이 하고 싶은 일이 웅대할수록 사소한 것을 제대로 하는 기초가 더욱 필요하다는 것을 일찍이 깨달았던 것. 인생은 화살처럼 과녁을 향해 한 방에 꽂히는 법은 없다. 목수가 목재를 다듬을 때 톱밥이 많이 나오듯, 인생에는 여러 가지 주변 경험이 필요하다. 사소한 것을 치열하게 해내고 지루한 반복을 견디는 정련 과정이 주위의 인정과 스스로에 대한 만족감을 끌어낸다.

어떤 조건에서든 거래를 하지, 부탁하지 않는다

30

제대로 귀 기울여 잘 듣는다면
고객들은 우리에게 본질적인 것을 설명해준다.

-- 페터 슈츠 포르쉐 전 CEO

벤저민 프랭클린. 그가 뛰어난 과학자로서뿐 아니라 정치가로 이름을 날리게 된 것은 타고난 협상의 달인이었기 때문이다. 벤저민 프랭클린은 프랑스 국왕 16세를 설득, 30만 프랑을 지원받아 조지 워싱턴 장군의 독립군 전비를 마련했다. 그런가 하면 실익이 없어 식민지 독립에 서명하지 않아도 되는 영국을 설득하여 조약을 성사시켰다. 어느 상황에서건 마음의 지갑이든, 물질의 지갑이든 열게 하는 비결을 안 덕분에 벤저민 프랭클린은 독보적 업적을 남길 수 있었다.

그는 미국 역사상 최초의 기금 조달자로서 뛰어난 능력을 과시했다. 상대방의 호주머니에서 돈을 풀게 한 데는 비결이 아니라 공식이 있었다고 훗날 그는 말하고 있다.

고객의 눈높이에 맞춰라

이는 요즘 시대에도 적용된다. CEO들을 만나보면 한결같이 설득과 협상의 명수다. 오늘의 위치에 오르게 된 것도 바로 이 같은 협상력 덕분임을 이들은 부인하지 않는다. 과연 협상은 말 잘하는 사람만의 기술일까? 그렇지만은 않다는 게 내가 관찰한 결과이다.

온갖 기금 모으기의 1인자이자 후원회 조성의 달인으로 꼽히는 S대표. 그는 학자 후원, 연구 기금, 장학금 지원 등 온갖 후원회에서 중추적 활동을 하는 분이다. 더구나 투자 수익이 발생하는 사업 기금도 아닌 이 같은 후원 기금 모금이라니……. 세상에서 제일 힘든 일이 남의 호주머니에서 돈을 꺼내는 일이 아닌가. 그에게 비밀을 물어보니 대답은 간단했다.

"목적함수가 무엇인지를 분명히 알면 게임은 끝나지요. 그 목적함수를 만족시켜주면 기부자에게도 이익이 발생하는 것이니까요. 그것이 돈이든, 자족감이든……. 아마추어는 자신이 하고 싶은 이야기를 먼저 하지만, 프로는 상대방이 듣고 싶어할 이야기와 연결시켜 실마리를 풀어나가는 법입니다. 목적함수를 만족시켜주기 위해선 내가 준비한 구체적 프로그램, 투자 요구, 그리고 결단을 하도록 그 자리에서 자신 있게 몰아붙이는 뒷심, 이 모두가 필요하지요."

이야기 중에 마침 그에게 전화가 걸려왔다. 옆에서 들어보니 고객의 전화였다. 이 통화를 들으면서 내가 남다르다고 느낀 점은 S대표는 항상 상대방의 입장에서 대화하는 게 습관화돼 있다는 점이었다. 통화 내용을 잠깐 소개하자면 다음과 같다.

"아, 그걸 B사와 계약하면 수십억 원은 주어야 하지 않습니까. 내실도 없이 브랜드 값으로 그렇게 비싼 것이지요. 우리에게 맡기면 1/5 가격에 훨씬 깔끔하고 만족하게 해낼 수 있지요. 더구나 중간직원 교육까지 함께 할 수 있으니 조직 변화에 한층 도움이 될 것입니다. 아마 10억 원 정도 절약하는 효과가 있을 것이라고 봅니다."

성공한 CEO를 보며 느낀 점은 거래할 때 결코 '나' 란 주어로 말하지 않는다는 것이다. 그들은 당신에게 '~~이익이 발생한다' 고 말하는 게 습관화되어 있다. 대화 속에 정답은 제시되어 있지만 선택을 강요하지 않고 상대방 스스로 선택하게끔 분위기를 조성하는 것, 그것이 CEO들의 협상 태도이다. 이들은 결코 나에게 이익이 발생한다고 말하지 않는다. 이 선택이 당신에게 이런 도움을 준다는 강한 메시지를 던져준다. 상대방의 이익에 이야기의 80% 이상이 맞춰져 있다.

그래서 CEO들은 어떤 조건에서든 거래를 하지, 부탁을 하는 법이 없다. 사람들은 누구나 이익을 꾀하게 마련이라는 본성을 꿰뚫고 있는 것이다.

여기서 이익은 물질적 이익만을 의미하는 것은 아니다. 스스로에 대한 만족감 등 정신적 가치라도 제시해야 손해 보는 거래가 아니라고 만족할 수 있는 게 기본 심리다. '그들' 은 이 같은 심리를 적절히 활용한다. 벤저민 프랭클린, 거상(巨商) 임상옥 등이 청년 시절 이역만리로 장도를 떠날 때의 이야기에 공통점이 있는 것도 우연이 아니다. 땡전 한 푼 없는 풋내기 청년 주제에 당당하게 거상을 찾아가서 자신에게 투자해달라고 요구하는 것이다. 이들은 결코 영국, 중국으로 떠나고 싶은 불쌍한 청년을 도와줄 것을 애걸, 빚을 얻지 않았다. 모르긴 몰라도 이들이 만일 애걸복걸을 했다면 결코 이들은 청운의 꿈을 이루러 떠날 수 없었을 것이다.

물론 중요한 것은 이들의 다음 행보. 가서 열심히 노력하여 성취한 뒤 몇 배의 성공으로 갚음으로써 투자의 성과를 입증한다. 이처럼 자신의 처지가 어떻든 포커페이스를 유지하고 열정적으로 상대방에게 발생할 이익을 설득하는 태도, 그것이 CEO들의 협상 태도였다.

정직과 솔직을 구분한다

협상은 흔히 포커나 고스톱 등에도 비유된다. 이익을 두고 기를 대결하는 것이 통해서일 것이다. 노름의 고수들은 결코 패에 따라 자신의 얼굴을 바꾸지 않는다. 콧구멍이 벌렁벌렁, 눈짓이 씰룩하는 순간 벌써 상대방에게 패는 빼앗기고, 판의 선수(先手)는 상대방이 쥐게 된다. 운동 경기에서도 기술과 체력이 비슷한 상황이면, 불리한 입장에 있으면서도 당황하는 기색을 보이지 않고 자신의 마음을 조절하는 선수, 포커페이스를 가진 선수가 승리를 거둘 확률이 높다고 한다.

그들은 자신이 처해 있는 입장을 구구히 설명하며 도와줄 것을 청하지는 않는다. 사람들은 적선보다는 투자하길 원한다는 것을 알고 있기 때문이다. 그보다는 자신을, 자신의 제품을 씀으로써 상대방에게 얼마나 큰 기회가 되는지에 대해 역점을 두었다. 정직하게 거래하되 솔직하게 부탁하지는 않는다는 게 그들의 협상 원칙이다. "정직과 솔직을 어떻게 구분하느냐"는 말에 한 CEO는 나의 순진함이 답답하다는 듯 혀를 차며 대답해주었다.

"솔직하다는 것은 감정의 일희일비를 그대로 드러내는 것입니다. 비즈니스에선 백전백패지요. 그런 사람은 CEO는 고사하고 직장생활 자체도 힘든 법이지요. 패를 가지고 있지 않더라도 끝까지 버틸 경우, 승산이 있는 법 아닙니까? 결혼하기도 전에 신부가 맨몸을 보여주는 것을 정직하다고 말할 수 있나요. 하지만 갖고 있는 패를 속이거나 바꿔서는 안 되는 것, 게임의 룰을 지켜야 하는 것은 바로 정직함이죠."

31 주인처럼 생각하면 정말 주인이 된다

수처작주 입처개진(隨處作主 立處皆眞).
가는 곳마다 자신의 주인이 되어라. 그 서 있는 곳에서 항상 진실되어라.

— 이형대 케임브리지 부회장

'앓아누운 주인이 열 머슴 몫 한다'는 말이 있다. 주인처럼 생각하고 행동하는 것이 얼마나 무서운가를 짐작할 수 있다. 돈 씀씀이에서도 자기 주머니에서 나와야 하는 자기 돈이라고 생각하면 종이 한 장, 볼펜 하나 허투루 쓸 리 없고, 쓰는 마음가짐부터 달라지지 않을 수 없다.

잘된 기업의 성공 요인에서 1위로 꼽히는 것도 직원들의 주인 의식이다. 매년 신년사 때 CEO가 주인 의식을 가지고 일해달라는 내용이 반복되는 것을 보면 종업원들이 주인 의식을 가지는 것은 그만큼 쉽지 않은 일인가보다. CEO들은 종업원들이 주인 의식을 갖고 신나게 열심히 일하게 하려고 온갖 아이디어를 짜낸다. 자신의 등 뒤에서나 눈앞에서나 열정적으로 일하는 자신의 복제인간을 많이 만들수록 회사는 번성하게 되어 있기 때문이다.

주인이 되고 나서 주인 의식 갖겠다고 생각하면 이미 늦다

벤처 기업을 창업한지 얼마 안 되는 친구 2명이 있다. 그 둘을 만나는 자리에 장수 CEO 한 분을 초빙했다. 선배 경영자의 원숙한 현장 노하우를 청해 듣기 위해서였다. 친구들이 그간 쌓였던 답답증을 풀려는 듯이 속사포처럼 질문을 던졌다. 한 친구가 먼저 말문을 열었다.

"아, 어떻게 하면 직원들이 내 맘처럼 일할까요? 아직 하던 일이 쌓여 있는데도 시계바늘이 오후 6시를 가리키면 모두 내팽개치고 퇴근하는 것을 보면 속에서 열불이 납니다."

나머지 한 친구는 반대로 말했다.

"근무 시간에 충분히 할 수 있는데도 빈둥빈둥대다 저녁 식사비, 야근비까지 챙겨 오버타임 하는 직원을 보면 머리에서 뜨거운 김이 솟아요."

이들의 질문에 대한 장수 CEO의 대답이 걸작이었다.

"주인 의식 가지고 일하면 그게 어디 종업원이겠습니까, CEO이지? 하하하."

웃자고 농담삼아 한 말이었다. 하지만 그 자리에서 유일한 월급쟁이였던 나는 '만일 내가 CEO라면 나는 나에게 지금의 회사에서 주는 만큼 월급을 주겠는가' 생각해보았다. 매일 쥐꼬리만큼 받는 월급에 물가 수준을 고려하면 수평을 넘어 하락이라고 불평했지만 문득 진땀이 났다. 관점을 바꾸면 이렇게 세상 자체가 달라지는가 보다.

구자준 LG화재해상보험(주) 대표이사 겸 부회장이 종업원의 주인 의식에 대해 쓴 칼럼을 최근 한 신문에서 본 적이 있다.

> 요즘 공중화장실의 청결은 기본적인 것이 되었다. 우리 회사 화장실 미화원은 개선된 시민 의식을 가장 큰 요인으로 꼽는다. 아무리 뛰어난 시설을 갖추고 관리에 힘을 쏟는 화장실이라도 일시에 몰려들어 멋대로 더럽히는 데는 당할 도리가 없다고 한다. 사용자가 내 집 화장실 쓰듯 해야 깨끗함이 유지된다는 것이다. 기업도 공중화장실과 같다. 합리적인 시스템 운용이나 뛰어난 CEO의 경영 능력은 기업이 성공할 수 있는 필요조건은 되지만 충분조건은 되지 못한다. 기업이 발전하고 경쟁에서 앞서나가기 위해 앞의 두 가지보다 필수적인 것이 바로 구성원 개개인의 주인 의식이다. 자신이 회사의 주인이라는 개념을 가지면 회사는 우리 집이 되고, 동료들은 우리 가족이 되며, 고객은 우리 집 손님이 된다. 이 같은 생각을 가진 직원은 회사의 경영 목적을 관심을 갖고 적극적으로 이해하며 열정적으로 업무에 몰입한다. 동료에게 일을 미루거나 성과를 독차지하려 하지 않으며 부서간 업무 협조에도 앞장선다. 고객이 원하는 것을 귀담아 들으며 정성을 다해 고객을 응대한다. 회사와 동료와 고객에게 득이 되는 것과 해가 되는 것을 가릴 줄 안다. 자신이 속한 회사의 주인이 되어보자. 남의 일이라 생각할 때보다 일하면서 느끼는 보람과 즐거움, 일의 결과에 대한 기대와 자신감, 성취의 쾌감이 늘어날 것이다.
>
> —《경향신문》 2005년 11월 13일자

주인 의식이 좋은 것은 알지만 쉽게 가져지는 것은 아니다. 하지만 주인 의식에 따라 얼마든지 자기 향상이 가능하다는 게 CEO들의 경험 철칙이다. CEO들은 신입사원 때 오지랖이 넓다는 말을 들을 정도로 주인의식을 가지고 일했다. 그렇기 때문에 하나를 가지고 매진해도 시원찮을 판에 투잡스는 오히려 마이너스란 게 이들의 공통된 의견이었다. 회사의 성공 목표와 자신의 목표를 일치시켰다고 이들은 한결같이 말했다.

제갈정웅 대림대학 이사장은 아예 자신의 커리어 로드맵을 작성하면서 회사의 성장 로드맵을 함께 연대별로 구분하여 그려 넣었다. 회사의 청사진에 맞춰 자신의 역량도 강화해나갔다. 그리고 자신의 결점은 물론 회사에서 단계별로 보강해야 할 점은 무엇인지에 맞춰 자신의 역량을 채워나갔다. 어려운 문제를 피하기보다는 손들고 나서서 해결하고, 맡은 일은 상사가 말리더라도 기대 이상으로 해내며 '주인인 척' 하면 어느덧 머슴이 주인이 되어 있을 수밖에 없다.

영화 홍보사 '올댓시네마'의 채윤희 대표는 "신입사원 주제에 사장에게 온갖 제안을 하고, 다음날 하라고 해도 악착같이 똑 부러지게 해낸 것은 누구에게 잘 보이려고 한 게 아니었다"며 "만일 그래서 했다면 지쳐서 중도에 포기했을 것"이라고 말했다.

"남이 시켜서 하는 일만 하는 심부름꾼이라 스스로 생각하면 얼마나 비참해요. 자기가 그 일의 대표자가 되어 추진하고 실행하는 것이 멋지잖아요."

충실한 마름을 넘어 위대한 주인으로 도약하기 위해서는 일상적으로 일하는 것만으로는 부족하다. 열정적으로 일하되 기획 마인드와 적극적 사고방식이 깔려 있어야 한다는 것이다. 기획 마인드를 가지는 것이 중요한 이유는 일에 끌려가기보다 계획을 주도적으로 이끌어갈 수 있어서다. 그러기 위해선 외눈박이로 맡고 있는 일에만 몰두하기보다는 전후좌우를 두루 살펴 자신의 일과 접목시킬 거리가 없나를 발굴하는 관찰력과 응용력이 필요하다는 설명이다.

일에서나 삶에서나 뒷전에서 이러쿵저러쿵 비평하는 관전자가 되기는 싫었다는 것이 성공한 CEO들의 공통적인 이야기였다.

주인이 되고 나서 주인 의식을 가지겠다고 생각하면 이미 늦다. 아니, 그런 머슴에겐 결코 주인의 자리가 돌아가지 않는다. 성공의 순서는 주인 의식을 가지는 것에서부터 시작한다. 주인의 눈에는 해야 할 것이 다락다락 눈에 들어오지만, 머슴의 눈에는 하지 못할 핑계만 다락다락 머리를 맴돈다.

"절대 남에게 잘 보이려고 무슨 일 하지 마라. 차라리 나에게 잘 보이려고 일하라."

그것이 CEO들이 주인으로서 일하는 철칙이다.

일을 갖고 노는 워크러버로 산다

32

워런 버핏은 돈을 버는 취미를 가지고 있을 뿐이다.
그것은 그에게 휴식이다.

— 랄프 릭비 워런 버핏이 회장으로 있는 버크셔 해서웨이의 섬유 담당

흔히 "일할 때 일하고 놀 때 놀라"고 말한다. 그러나 내가 본 CEO와 임원들은 대부분 일할 때도 노는 것처럼 즐겁게 생각하며 일하되, 놀 때 완전히 일을 잊어버리는 법도 없었다. 이들은 스스로가 워커홀릭(workaholic)이라 생각하기보다는 워크러버(worklover)라 생각한다. 자나 깨나 일 생각에 매여 노는 방식을 모르는 것이 아니라, 노는 중에도 일하는 것과 결부시켜 늘 머리를 발전시키고 있다는 이야기다. 워커홀릭은 일의 노예가 되어 헤어 나오지 못하지만, 워크러버는 일을 갖고 논다. 워커홀릭은 일하고 나서 에너지가 소진되지만, 워크러버는 일할수록 에너지가 충전된다. 이들의 안테나는 늘 일의 주파수에 맞춰져 감응될 준비를 갖추고 있다. 한 CEO는 자기가 세계의 중심에 있다고 생각하면 심지

어 아내를 도와 설거지하면서도 경영과 연결시킬 만한 아이디어가 떠오른다고 말하기도 했다.

그들에게 비즈니스 창의력은 시간을 짜내서 하는 별도의 공상이 아니다. 일상의 관찰과 몰두에서 축적되는 노력의 대가다. 요즘 유행하는 '필' 이 꽂히는 것은 우연이 아니라 늘 일과 관련, 사고하는 습관의 필연적 결과다. 이들에겐 심지어 휴식 중에도 일과 관련된 아이디어가 자석처럼 끌려들어온다.

푸줏간에서 얻은 컨베이어벨트 시스템 아이디어

CEO들과 사석에서 이야기를 나누다보면 아무리 개인적 소재의 잡담을 하다가도 사업 아이디어를 도출하는 이야기가 전광석화처럼 나오는 것을 경험한다. 그래서 서양 속담에 '부자들에게 점심을 사라' 는 말이 있는지도 모른다. 적어도 그들에겐 순전한 사적인 수다란 존재하지 않고 노는 것조차도 비즈니스이고, 그것 자체가 중요한 정보이다. 그들과 이야기를 나누며 평상시에 지나쳐버린 일상의 현상을 비즈니스와 결부시킨 발상법에 놀란 적이 많았다. 이들은 일의 스트레스를 어떻게 푸느냐는 질문에 대해 일이 휴식이라고 말한다. 이들이 잘난 척하고자 해서가 아니라 자석처럼 끌리는 자력인 것처럼 보인다.

세계적인 자동차 제작회사 포드의 창설자인 헨리 포드. 그에게 경영학의 아버지란 닉네임을 붙여주게 된 것은 컨베이어벨트 시스템을 이용한 자동차 대량생산 방식을 창안했기 때문이다.

자동차 왕 헨리 포드는 과연 컨베이어벨트 시스템을 어떻게 창안했을까? 그가 아이디어를 얻은 것은 푸줏간에서였다. 돼지, 소가 조직적으로 해체되어 착착 옆 라인으로 옮겨가는 것을 본 그는 30분간 넋을 잃고 보았다고 한다. 그리고 바로 자신의 자동차 회사에 득달같이 적용시킨 것이다. 푸줏간이 해체 컨셉트였다면, 자동차 회사에선 조립의 방식으로 전환시켰다.

CEO 그들이라고 천부적 아이디어 발상법을 따로 가지고 있는 것은 아니다. 신출귀몰한 머리를 가졌거나 아이큐가 특출난 것도 아니다. 늘 일에 대해 몰입하고 있는 것이 차별성을 만든다. 머리를 들고 다니는 동안에는 사업과 결부시킬 거리를 찾으며 작업 근육을 단련시켜서다. 개 눈에는 무엇만 띈다는 말이 있지 않은가. 항상 일에 대한 생각을 하는 이에겐 일상의 작은 현상이라도 일과 연관되어 해석할 거리가 된다. 어떤 CEO는 밥을 먹고 대화를 나누면서도 마음은 5대양 6대주로 흩어져 있다고 털어놓기도 했다. 그것이 개인적으로 불행인지 요행인지 모르겠다. 하지만 일에 대한 몰입도가 높지 않으면 CEO 되긴 백년하청이란 것만은 분명하다.

이노디자인의 김영세 대표가 MP3와 디지털카메라가 결합된 아이리버 IFP 1000을 디자인하게 된 경위도 재미있다. 가족과 하와이로 휴가를 갔는데 딸이 마침 김 대표의 목에 MP3를 걸어주었다. 레스토랑 웨이트리스가 그걸 잘못 보고 "목에 건 디지털 카메라가 멋있네요" 하고 말을 건넸다. 김 대표는 웨이트리스의 그 말을 흘려듣지 않고 아이디어로 발화시켰다.

"아, MP3를 디지털 카메라와 결합시켜야겠구나."

그리고 그것은 작품으로 탄생되었다.

일과 놀이의 경계가 없다

CEO들은 이처럼 일과 취미, 휴식을 따로 구분하지 않는다. 술꾼이 숙취를 해장술로 풀듯이, 이들은 일로 자신의 고독을 치유하고자 한다. CF들은 "열심히 일한 당신, 떠나라"라고 두 팔 벌려 바람을 잔뜩 맞으며 오픈카를 멋지게 질주하는 장면을 흘려보낸다. 하지만 현실 속의 CEO들은 열심히 일하고 쉬러 떠나는 가방에 휴가 동안 읽을 책부터 챙겨 넣고 '쉴' 기간으로 이용하지, '놀' 기간으로 쓰지는 않는다. 샐러리맨들이 휴가지에 어디로 놀러갈까 여행지를 뒤적일 때 CEO들은 그 기간에 읽을 책 목록부터 챙긴다. 삼성경제연구소가 'CEO들이 권하는 읽을 책' 목록을 발표하는 것도 바로 휴가철이다.

내가 아는 영화 관련업체의 K사장 이야기를 하나 더 소개하자. 영화제 취재차 동경에 갔을 때의 일이다. 그는 해외 출장을 가면 짐 풀자마자 현지의 물 좋은 나이트클럽에 가는 것이 자신의 해외 출장 습관이라고 말했다. 자신을 몰라보는 낯선 곳에서 몸 풀고 긴장 풀기 위한 것이냐는 나의 짓궂은 질문에 그는 슬며시 웃으며 대답했다.

"트렌드를 몰고 다니는 젊은이들의 유행을 한눈에 볼 수 있는 곳이 바로 나이트클럽이거든요. 그곳에 몰려든 젊은이들의 옷차림, 노래, 좋아하는 것들을 자세히 관찰하다보면 새로운 작품 아이디어가 샘솟습니다."

내가 관찰한 바에 의하면, 일할 때 일하고 놀 때 노는 CEO는 없다. CEO들은 일과 놀이가 양자택일 선택이 아니다. 님도 보고 뽕도 따는, 일도 하고 노는 것처럼 즐길 수 있는 병립 관계다. 보통 사람은 일할 때와 놀 때 타이어를 바꿔 끼느라 낑낑대지만, 이들은 타이어를 바꿔 끼지 않고 한 타이어를 가지고 굴리며 재미있게 논다. 그들은 말한다.

"일 속에서 일을 해결하려고 할 때는 110%의 개선밖에 할 수 없습니다. 하지만 일에 대한 렌즈를 일상에 들이대니 200% 혁신적 사고를 할 수 있더군요."

33 거절을 두려워하지 않는다

성공이란 열정을 잃지 않고
실패로부터 다시 출발하는 것이다.

—윈스턴 처칠 영국의 정치가

일기예보가 요즈음은 많이 정확해졌지만 가끔 오락가락할 때가 있다. 그럴 때 기상대에는 일반인들의 항의 전화가 빗발친다고 한다. 이 같은 항의를 살짝 비껴가려는 재치를 발휘해서인지 시도되는 게 비 올 확률 몇 % 등의 발표 방법이다. 비 올 확률 50%라고 할 때 당신은 우산을 준비해 출근하겠는가, 아니면 그 반대인가? 맑은 날씨에 우산을 들고 다닐 귀찮음을 감수해야 할 확률 반, 비 오는 날씨에 비를 쫄딱 맞을 확률이 동확률일 때 말이다.

CEO들에게 사석에서 농담으로 물어보면 이들 중 대다수가 맑은 날씨에 우산을 들고 다닐지라도 전자를 택하겠다고 대답했다. 그러고 보면 이들에게 준비는 성공 체질의 제1인자인 것 같다. 보통 사람은 '설마 ~할

리 있겠어' 라고 애써 찜찜함을 무시한다. 반면에 CEO들은 '혹시 일어난다면' 하며 안 좋은 일이 일어날 1%의 가능성에 대한 대비책을 마련한다.

거절은 새로운 기회다

조직간 갈등이 심각한 대학에 총장으로 새로 부임한 분이 계셨다. 전임자가 불명예스럽게 퇴진하였는데 이분이 부임한 뒤 학교 행정은 거짓말처럼 순조롭게 돌아갔다. 평교수회의 한 교수가 그 비결에 대해 물었다.

"총장님이 오시고서 학교가 조용해졌습니다. 설득의 명수이신데 그 비결이 있으신가요?"

이에 대해 신임 총장의 대답은 간단했다.

"나는 항상 'No' 라는 대답이 나올 것에 대비한다네. 만약 내가 제안한 첫 번째 의견을 상대방이 거절한다면 어떤 제2, 제3의 안을 내놓을 것인가, 양보해서 상대방에게 줄 것은 무엇이고, 끝까지 못 줄 것은 무엇인가를 정리하니 이야기가 절로 풀릴 수밖에. 나는 내 의견이 윗사람이든 아랫사람이든 일사천리로 한 번에 받아들여질 것이라고 생각하지 않는다네. 오히려 마찰이란 복병이 없으면 비정상적인 것 아니겠나?"

내 직장생활에 적용해보니 이야기가 풀린다. 대부분의 사람들이 직장상사에게 제안할 때 자신이 생각한 제안이 최선이자 최고로 생각하고 프레젠테이션한다. 하지만 이 안이 받아들여지지 않을 경우는 예측, 아니 상상하기도 싫어한다. 연봉 협상 등 크고 작은 협상에서도 마찬가지다. 거절당할 경우 내 양보의 범위 등을 생각하지 않았기에 얼굴이 벌게져 벙어리 냉가슴으로 물러나거나, 맹렬히 부딪혔다 장렬히 전사한다.

하지만 성공한 임원, CEO들은 결코 자신의 안이 원안 그대로 100% 한 번에 받아들여질 것을 기대도, 아니 꿈에도 상상하지 않는다. 오히려 전면 거부될 경우에는 어떻게 대비할지에 대해 재삼 재사 생각한다. 상대가 "No"라고 말하는 순간 자신의 새로운 가치를 증명할 기회가 생산된다고 전의에 불탄다.

허태학 삼성석유화학 사장이 들려준 이야기는 퍽 시사적이다. 그는 서울 신라호텔, 제주 신라호텔을 세계적 브랜드로 부상시키고, 캐러비안 베이를 월드클래스로 격상시킨 성과로 높이 평가된다. 하지만 주변에선 "허 사장은 전임자가 수차례나 거부당한 자연농원 현대화 방안을 창업자에게 설득, 단번에 6천억 원에서 한 푼도 깎지 않고 원안 그대로 결재를 받아낸 게 더 대단하다"며 설득의 기술에 더 높은 점수를 준다.

"저는 준비할 때 제 안이 한 번에 받아들여지지 않을 경우에는 어떻게 보고해야 할지도 충분히 염두에 두고 마스터플랜을 짭니다. 지시 사항을 만족시키기 위한 기초적 사항을 꼼꼼히 챙겨야 함은 물론이고 상대방의 기대를 뛰어넘는 아이디어를 생각해내야지요. 발등의 불을 끄는 데 급급하지 말고 앞서서 널리, 멀리 보아야 합니다. 100을 해오라면 120을, 150을 해오라면 200의 요구를 선도해 발상해내 선과 면과 각을 만들어야 합니다. 그러다보면 만족스러운 안이 나오더군요."

최악의 경우에 대비하는 조심성과 치밀함, 부지런함이 상대방을 설득, 감동시키고 자신의 목표를 이룰 수 있다. 최선의 결과는 최악의 경우를 예측, 대비한 뒤에 이루어지는 결실이란 것을 나는 많은 최고경영자들을 만나며 배울 수 있었다. 상대가 "No"라고 말하는 순간 진가는 발휘된다.

최정순 웅진인재개발원장은 이대 운동권 출신의 여장부형 임원이다. 그녀는 자신의 업무 성공 습관으로, 거절당하는 것을 무서워하지 않는 용감함을 첫손 꼽았다. 늘 새로운 부서에 전근되면 그녀는 책을 통한 학습과 사람을 통한 학습을 동시 병행한다는 것. 비록 생판 모르는 사람에게 조언을 구하더라도 거절당할 것을 두려워하지 말고 망설임 없이 쳐들어가는 게 철칙이라고 밝혔다. 우회적으로 말하는 대신 단도직입적으로 말하고, 상대가 관심 있어 할 것과의 윈윈을 모색해 나아가면 어느 정도 접근을 볼 수 있다는 게 그의 경험론이다.

"사람들은 누구나 남에게 좋은 일을 베풀고 싶다는 기본 심리를 갖고 있습니다. 배우겠다는 자세로 조언을 구하는데 거절할 사람은 그리 많지 않습니다. 그리고 첫 번째는 거질하더라도 그 다음엔 받아주게 되어 있습니다. 상대방이 'No' 라고 이야기했을 때 그냥 꼬리 내리고 돌아설 필요는 없습니다. 그때가 바로 약해진 순간이므로 다음 기회를 기약하는 'Yes' 를 받아낼 수 있는 순간이거든요."

CEO들의 대답은 이렇다. 늘 앞서서 나아가다 보면 관성에 도전하는 일을 많이 하게 된다. 당연히 거절당할 일도 많다. 이때 보통 사람들이 한 번의 거절에 아파하며 움츠러드는 반면, 최고경영진들은 그러지 않았다. 결코 커다란 제방은 한 방의 주먹에 넘어지지 않는다. 구경꾼들은 마지막 일격을 모두인 줄로 알고 환호할 뿐이다. 세상은 호락호락하지 않으며, 내 마음 같지 않다. 내가 공격받고 거절받을 수 있는 수십 가지 경우의 수를 상정해보고 그것에 대비하고 만족시킬 방안을 만들어나가는 것, 그리고 수십 번씩 두드리고 공략하는 것이 바로 CEO의 능력이었다.

34 아이디어를 서랍 속에 넣어두지 않는다

나는 내가 한 모든 얘기를 실행에 옮겼다.

—카를로스 곤 닛산자동차 CEO

군자는 말은 느리고 능숙하지 못해도 실행엔 민첩해야 한다. 『논어』에서 공자가 한 말이다. 몇천 년 전부터 이런 말이 있는 것을 보면 역으로 그때부터 실행력을 키운다는 게 얼마나 힘든 일인지를 알 수 있다. 공자는 실행력을 강조하며 "한번 생각하는 것만으로는 잘못될 수 있지만, 생각이 지나치면 오히려 판단력과 실행력이 둔하게 된다"고 지적한다. 그리고 두 번만 생각하면 충분하다고 숫자로 지침을 정해 말해주기까지 한다. 하기는 학창 시절 시험 치를 때를 생각해봐도 그렇다. 어려운 시험 문제를 풀 때 이것일까 저것일까를 지나치게 오래 고민하다가 처음 썼던 답을 고치면 오히려 틀리는 경우가 많았다. 생각을 행동으로 옮기는 것이 잘 안 되는 것은 잘될까 고민과 생각이 많아서이기도 하고, 미루는 게

으름 때문이기도 하다.

지장(智將), 덕장(德將) 위에 '현장(現場)'이 있다

얼마 전 개인적으로 어려운 일을 상담하느라 선배를 찾아가 자초지종을 이야기하니, 그 선배가 "야, 너 1년 전에도 같은 이야기하며 고민했잖아" 하고 말하는 바람에 얼굴이 뜨거웠던 적이 있다. 이처럼 고민이 다람쥐 쳇바퀴 돌듯 맴도는 것은 해결책이 없기 때문이 아니고 실행을 안 했기 때문이다.

심갑보 삼익THK 부회장. 그를 만나고 싶으면 CEO 대상의 세미나에 가서 맨 앞줄을 찾으면 된다. 그는 듣는 것만으론 부족해 비디오 카메라까지 설치, 세미나를 녹화해서 '공부하는 CEO'로 유명한 분이다. 그는 세미나를 가면 학습 내용은 물론이고 책상 배치까지도 허투루 보지 않는다. 이것을 사무실에 적용하려면 어떻게 해야 하고, 비용 대비 효율은 얼마나 될지 머릿속에서 아이디어가 빙빙 돌기 때문이다. 새로운 이론과 학설을 들으면, 그것을 지금의 시점에 맞춰 어떻게 적용시킬 것인지에 대해 고심하는 가공 과정을 바로 거친다.

그는 많은 사람들이 아는 것을 실행하지 못하는 것은 너무 큰 목표를 세우기 때문이라고 지적했다. 다 하려고 하는 것은 다 안 하려고 하는 것과 같은 말이란 것. 그는 얼마 전 세미나에서 자사 홍보 상품의 글귀는 겉으로 보이지 않게 하라는 팁을 듣고는, 즉시 회사 홍보 선물로 만든 벨트에서 회사 이름을 버클 안쪽으로 옮겼다고 말했다.

강남 타워팰리스 앞에서 김영모 과자점을 운영하는 제과제빵 명장 김영모 대표. 그는 사업을 시작한 지 20여 년 된 베테랑으로, 중년의 퇴직자들이 제과점을 개업하고 싶으면 물어물어 찾아오는 이쪽 분야의 거물이다.

그는 자신이 정상에 오를 수 있었던 노하우로 실행력을 첫 번째로 꼽는다. 남부럽지 않은 수입을 올리는 사장으로서 이제 빵 굽는 일선에서 떠날 만도 하지만, 그는 지금도 스스로를 기능인으로 자부하며 현장에서 떠나지 않는다. 중요한 것은 아이디어가 아니라 실행이란 본인의 지론 때문이다. 그는 실행의 본질은 속도에 있다고 지적했다.

"빨리 실행하지 않으면 아이디어에 녹이 슬게 됩니다. 저는 제과제빵 세미나에 참가하면 끝나자마자 그 레시피를 실험해보지요. 그리고 고객들의 평가를 통해 시장성과 접목시키는게 습관이에요. 남들은 제가 무슨 신출귀몰한 레시피를 가지고 있는 줄 알지만 바로 자신이 서랍 속에 처박아놓는 그 아이디어인 줄은 모르는 것 같아요."

CEO들은 보통 사람들이 머릿속으로만 생각하거나 입으로만 말하는 것을 과감하게 즉시 행동으로 옮긴다. 새로운 행동 전략을 생각해내는 것보다 더 중요한 것은 새로운 사고방식을 행동으로 실천하는 것임을 알고 있기 때문이다.

CEO가 되기 위해선 모든 걸 자신의 책임으로 돌리는 삶의 주도성, 자신의 이미지를 마케팅할 수 있는 세일즈 능력, 보상받는 이상으로 일하는 헌신, 설정한 목표는 끝까지 밀고 나가는 추진력 등 여러 가지가 다 필요하다. 하지만 이 오색구슬들을 꿰어 작품으로 만드는 것은 결국 실행력이라고 지적했다. 오색구슬들에서 구슬은 몇 개 부족해도 모양이 얼추

되지만 꿰지 않으면 각자 따로 놀게 되어 있다는 설명이었다.

CEO들은 머리와 손발 사이의 연계 속도가 빠른 사람들이다. 현실에의 적용은 현장에서 부딪치면서 이루어진다. 수영은 뭍에서는 배울 수 없고, 물에서 배워야 한다.

이들이 세미나나 책 등에서 얻은 아이디어 중 현실에서 쓸 수 있는 비율로 꼽은 것은 20~30%. 욕심내지 않고 쉬운 것부터, 지금 당장 할 수 있는 것부터 해나간 작은 노력이 이들의 경쟁력을 만들었다. 그래서 지장(智將), 덕장(德將)보다 한 단계 높은 리더는 현장(現場)형 리더란 말이 생겨났나보다.

35 CEO의 시간 관리 비밀

우리는 시간이라는 요소를
전략적 무기로 사용하는 법을 배워야 한다.
-- 하인리히 폰 피어러 독일 지멘스 그룹 회장

흔히 모든 것이 불공평하지만 시간만은 빈부의 차이 없이 평등하다고들 말한다. 하지만 자수성가한 CEO들을 만나면, 시간마저 불공평할 수 있구나 하는 생각이 든다. 이들은 하루를 25시간으로 늘여 쓰기 때문이다.

직장인 대상의 자기계발 모임에 간 적이 있었다. 가장 큰 업무 방해 요소 워스트 파이브(worst five)를 털어놓는 코너가 있었다. 가장 업무를 방해하는 요소 1, 2위를 차지한 것이 자신도 모르게 하게 되는 잦은 e메일 체크, 예고치 않은 손님의 방문이었다.

시간 관리에서 중요한 것은 속도가 아니라 밀도다

과연 CEO들은 시간 관리를 어떻게 하고 있을까? 우선 내 취재 경험부터 이야기해보도록 하자. 나는 기자 생활을 하며 연예인과 CEO 인터뷰를 모두 거쳤다. 이들 모두 섭외하려면 손가락이 부러지게 전화를 걸고 e메일을 수십 차례 날려야 하는 등 힘들다는 점도 비슷하고, 속성상 '시간이 돈' 이란 점에서도 같다.

하지만 이들을 인터뷰하며 차이를 느꼈다. 대부분의 연예인은 매니저 등이 다음 약속을 재촉하며 부랴부랴 이야기를 마친다. 반면에 CEO들 역시 연예인 못지않게 섭외하기는 힘들지만 일단 성사되었다 하면 약속을 빽빽하게 잡지는 않는다. 여유롭게 자신의 이야기를 충분히 나눌 수 있도록 시간을 배정해놓는다. 이야기할 때 딴청을 피우지 않고 대화에 전적으로 집중한다. 차라리 인터뷰를 안 하면 안 했지, 일단 하기로 했으면 진지하게 집중한다.

아이디어가 떠오르면 직원들에게 새벽에도 아이디어 e메일을 날리는 K사장. 새벽 1시, 2시의 시각이 선명하게 찍힌 그의 e메일은 은근히 직원들에게 스트레스이기도 하다. 당신이 잠든 이 시간에도 당신의 보스는 열심히 아이디어를 짜내고 있다는 무언의 압박처럼 느껴져서다. 어쨌든 그처럼 부지런하게 살고 있는 것으로 유명하기에 혹시 하루 24시간이 부족하다고나 생각지 않을까 물어보았다.

"25시간이 되어도 부족하기는 마찬가지일 것입니다. 진정 자기가 하고 싶은 일이 있는데 시간이 부족하다고 느낀다면, 자기가 자는 시간을 줄여야지요. 시간을 쓰는 것도 결국은 희생입니다. 자기의 시간을 희생해 남을 위해, 자기계발을 위해 투자하는 수밖에 없어요. 남들에게 한 시간이 60분이지만 제게는 한 시간이 30분이랍니다. 그런 시계를 가졌으니 나는 남의 두 배를 쓰게 되는 셈이지요."

한 CEO는 시간 활용에서 'purity'란 표현을 썼는데 이들은 정말 시간을 쓸 때 '순정'으로, 한 가지에 집중하는 것이 공통된 규칙이란 생각이 들었다. 간혹 멀티태스커라고 스스로를 말하는 경우도 보았다. 하지만 러닝머신을 뛰며 신문을 본다든지, 차를 타고 가며 신문을 본다든지 하는 정도였다. 즉, 손과 머리를 쓰는 일은 병행할 수 있지만, 머리와 머리를 써야 하는 일을 같이 하는 경우는 못 보았다.

자수성가한 CEO들의 시간 관리에 대해 취재하며 느낀 세 가지 특성이 있다. 첫째는 순정성, 둘째는 융통성, 셋째는 효율성이었다.

CEO 인터뷰를 하다보면 약속한 시간에 제때 하지 못하는 경우가 많았다. 전화, 회의 등 약속 시간보다 15분, 많게는 30분 정도 늦게 인터뷰를 시작해야 할 때도 많았다. 솔직히 짜증이 나며 '나를 무시하나' 하는 불쾌감이 들었던 것도 사실이다. 하지만 시간이 지나면서 하나하나를 충분히 끝내고 다음으로 옮겨가는 습관 때문이란 나름대로의 해석이 내려졌다. 마치 유명한 의사에게 특진을 미리 예약해놓더라도 다음에 기다리고 있는 환자의 시간에 맞추기 위해 현재 보고 있는 환자를 대충대충 볼 수 없는 것과 같은 이치라고나 할까.

미국 실리콘밸리에서 활약하고 있는 CEO를 만났을 때의 일이다. 인터뷰 시간으로 두 시간을 예상했는데 이야기하다보니 시간이 더 필요했다. 마침 체한 기간이 짧아 약속 일정을 다 소화하느라 다음 스케줄이 연이어 있었다. 그러자 그는 비서에게 "다음 약속을 연기할 수 있나" 알아보라고 말하는 것이었다. 50대 50의 미완성으로 끝마치는 것은 기자인 나에게나, 다음 약속자인 사람에게나 양쪽 모두에게 미안하다는 설명이었다. 차라리 지금 나와의 인터뷰에 집중하고, 약속한 사람은 다음에 여유 있게 만나 완전히 집중해 이야기하겠다는 것이었다. 결국 순정성은 융통성과도 통하는 것 같다. 비슷한 일을 블록화, 집중적으로 처리하긴 하지만 계획에 대한 강박관념에 눌려 융통성이 없는 것은 아니다.

CEO들의 시간 관리를 관찰하며 시간과 투쟁하기보다는 주도하고 내실 있게 관리하는 게 보다 중요하다는 점을 깨달았다. 결론적으로 이들이 시간 관리에서 중요시한 것은 진도 뽑기를 위한 속도가 아니라 과업 성취를 위한 밀도였다.

36 기록이 영리함을 이긴다-메모의 힘

슬기로움이란 자기 자신에 대해 꼭 충분한 만큼,
그러나 너무 지나치지 않게 의심해보는 것이다.

-- 헤르만 지몬 경영 컨설팅 회사 사이몬 앤 파트너 회장, 런던 비즈니스 스쿨의 초빙교수

몇몇 CEO들과 식사를 같이 할 일이 있었다. 식사 중 한 분이 요즘 시중에 유행인 유머를 이야기하기 시작했다. 그러자 일행 모두 일제히 양복 겉저고리를 주섬주섬 찾더니 수첩을 꺼내 적기 시작하는 것이었다. 5명이 식사를 같이 했는데 수첩과 필기도구를 가지지 않은 이는 한 사람도 없었다. 프랭클린 다이어리 등 브랜드 다이어리부터 문방구에서 파는 손바닥만 한 크기의 수첩, PDA에 이르기까지 애용 수첩은 다양했지만 다들 메모가 습관이 되어 있다는 것은 공통적이었다.

성공은 메모와 비례한다

같은 날 마침 회사의 저녁 회식이 있었다. 한 사람이 중요한 이야기를 꺼

냈지만 수첩을 꺼내는 이는 임원급이었고 직원들은 거의 수첩을 꺼내지도, 기록하지도 않았다. 물어보니 수첩이 아예 없는 사람도 있었다. 나는 거기서 작은 차이를 발견했다. 성공은 메모와 비례한다.

창조적인 기업으로 유명한 3M은 회사 내 엘리베이터 벽면을 아예 도화지로 발라놓았다고 한다. 엘리베이터를 타는 직원들이 생각나는 대로 어디에서든지 메모하라는 의도 때문이다. 윤종용 삼성전자 부회장은 삼성그룹의 1970~80년대 기록, 40여 년간 쌓아두었던 메모 등을 바탕으로 책을 낸 적도 있다.

차성환 한국 요코가와 사장은 아침마다 조깅을 즐긴다. 그가 조깅을 즐기는 것은 다른 운동과는 달리 운동과 병행해 생각을 할 수 있기 때문이다. 그가 아침에 조깅을 나서면서 꼭 챙기는 게 있다. 바로 보이스 레코더다. 얼마 전까지 메모장을 썼지만 그것이 번거로워서 말하는 것을 그냥 음성으로 녹음할 수 있는 보이스 레코더로 메모 방식을 바꾸었다.

"새벽 맑은 공기 속에서 걷다보면 저절로 여러 가지 아이디어가 떠오릅니다. 그때그때 스치는 아이디어, 문제에 대한 해답을 메모해두지요. 새벽 조깅 메모로 여러 가지 사업 아이디어를 많이 얻었습니다. 처음엔 메모한다는 게 번거롭기도 했지요. 하지만 잊지 말아야지 하고 신경을 곤두세우는 것보다 훨씬 편리하다는 걸 깨우치고 나서부터 메모 예찬론자가 되었습니다."

차 사장은 때와 장소를 가리지 않는 유비쿼터스형 메모 마니아다. 이에 비해 K회장은 포스트잇과 형광펜을 다양하게 쓰는 컬러 메모형이다. 포스트잇이 수첩 밖으로 색색이 보이고 있어 그의 색다른 메모 활용 노하우가 궁금했다. 알고 보니 탁상용 간이 캘린더와 수첩을 각각 하나씩 쓰고 있었다. 탁상용 캘린더는 전화 등을 받으며 메모하기가 편리하고, 펼쳐져 있어서 보기 쉬워 애용한다. 반면에 이동시 자신의 일정을 확인하기 어렵기 때문에 수첩을 별도로 쓴다. 이중으로 쓰면 번거롭지 않느냐고 물어보았다.

"수첩에 약속을 두 번 쓰면 한결 기억이 잘됩니다. 이중장부를 만들기 전엔 이동 중 전화를 받으면 일정을 확인한 후 전화한다고 말해야 하는 경우가 한두 번이 아니었습니다. 다시 회신 전화를 해야 하는 번거로움이 줄었다는 점에서 오히려 편리해졌지요."

그러면서 그는 수첩에 붙어 있는 다양한 포스트잇을 보여주었다. 앞면과 뒷면에는 손바닥만 한 크기의 포스트잇을 붙여놓고 그날 사람을 만나 들은 좋은 이야기, 감명 깊은 내용을 적어놓는단다. 이 역시 집에 가서 컴퓨터에 다시 옮기는 이중 가공 과정을 거친다. 중요한 약속은 형광펜으로 별도의 밑줄을 그어놓는다. 그리고 다양한 색깔의 오색 포스트잇은 수첩 갈피, 그리고 중요한 약속 밑에 붙여놓아 혹시라도 잊어버리지 않게 표시해놓는 표로 쓴다.

그가 이렇게 철저한 메모 마니아로 변신한 계기가 있다. 그의 첫 직장은 미국 현지의 외국인 회사. 회사에 입사하자마자 첫 번째로 작성한 문서가 퇴사 후에도 회사 기밀을 밖에 누설하지 않겠다는 내용의 각서였다. 솔직히 '그까짓 종이 한 장' 했는데 정말 그 기록 한 장이 힘을 발휘하더란 고백이다.

"그곳에서 한국 기관들이 관련된 문서도 많이 보았기 때문에 발설하고 싶은 유혹도 꽤 있었어요. 그런데 제가 직접 쓴 각서가 눈에 어른거리면서 저를 말리더군요. 그때 써놓는다는 것의 위력이 얼마나 큰지 깨달았어요."

이후 그는 출근해서는 카드에 '오늘 해야 할 일 리스트' 를 쓰고, 이중 수첩과 캘린더를 활용하는 등 메모 예찬론자가 되었다.

"초기에 메모는 열심히 해놓고 활용을 못 하는 경우가 생기더군요. 메모를 열심히 해놓고도 약속을 더블로 잡는 등 작은 '사고' 가 발생했어요. 그 이후로 중요 사항은 한눈에 띄게 하는 내 나름의 방식을 개발했습니다. 약속 중요도에 따라 형광펜 또는 포스트잇으로 표시, 절대 변경할 수 없는 약속 등을 구분해놓지요. 그리고 중요 내용을 메모한 것을 다시 적는 과정 중에 새로운 아이디어가 솟는 것도 큰 부산물이에요. 포스트잇에 써놓은 것을 옮겨 적기가 귀찮을 때는 같은 주제끼리 그냥 붙여놓을 수도 있어서 편합니다."

메모는 시도 때도 없이 떠오르는 아이디어를 그때그때 그릇 속에 담아 저장하는 지름길이다. CEO들은 메모 마니아였다. 이들은 과거 사업의 기록, 명함에 적어놓은 상대방의 인상, 또는 사업 아이디어 등 담아두지 않으면 휘발되지만 담아두면 보배 역할을 톡톡히 한다는 메모 예찬론을 편다. 누구나 아이디어를 낼 수 있지만 진정한 아이디어의 임자는 메모하는 사람의 몫이다. CEO가 되고 싶으면 지금 당장 수첩부터 준비할 일이다. 일정을 빼곡히 채우는 것은 그 다음의 일이다.

37 차 크기와 출근 순서는 비례한다

위대한 이들이 쟁취한 저 정상들이 순간의 빛으로 성취된 것은 아니었네.
그들의 동료들이 잠들어 있을 때 그들은 밤을 새우며 저 높은 곳을 향해 올랐네.

—롱펠로 미국의 시인

초등학교 동창 중 대기업의 상무로 고속 승진한 친구가 있다. 대기업에서 승진한 케이스로는 우리 친구 중 가장 빨리 승진한 축에 속한다. 40대 초반에 대기업 전자통신업계의 상무란 별을 달았으니 쉽지 않은 일이었다. 그가 승진 턱을 낸다고 초대하여 몇몇 친구들과 한자리에 모였다. 한 친구가 고속 승진의 비결을 물었다. 옆에 있던 다른 친구가 아는 체하며 끼어들었다.

"스마트한 게 비결이지. 얘가 워낙 옛날부터 공부는 한가닥하지 않았냐. 문제는 스마트하게 일한다는 게 도대체 어떻게 해야 하는 것인지 감이 안 잡히는 것이지."

한숨을 쉬며 자문자답하는 친구의 말에 상무로 승진한 친구가 정색을 하며 물었다.

“스마트하게 일한다는 게 과연 하드하게 일하는 것을 거치지 않고서 얻어질 수 있는 것이라고 생각하니?”

좌중은 일순 숙연해질 수밖에 없었다. 나는 이 말을 듣는 순간 무릎을 쳤다.

일하는 데는 여우보다 곰이 낫다

그의 말은 핵심을 찌르고 있다. 많은 이들이 “하드하게 일하기보다 스마트하게 일하라”고 목소리를 높인다. 예를 들어 영업직의 경우, 구두 굽이 닳도록 시장을 찾아 쫓아다니기보다는, 될 성부른 시장 몇 곳의 급소를 찍어서 큰 건수를 올리며 여유를 누리는 것이 효율적이란 이야기다. 말은 옳다. 하지만 현실적으론 힘든 이야기다. 몇 곳을 찍을 줄 아는 눈을 갖추기 위해서는 무식하게 시장을 훑는 발품을 필수 코스로 거치고야 가능한 이야기다. 사는 데 있어선 곰보다 여우가 좋지만, 일하는 데 있어선 여우보다 곰이 더 좋은 이유가 여기에 있다. 상무로 승진한 필자의 친구뿐 아니라 조직의 쓰고 신 맛을 본 뒤 정상에 또는 정상 가까이 오른 이들은 한결같이 하드와 스마트는 대척적 관계에 있는 것이 아니라고 입을 모은다. 적어도 죽어라 하고 일하고 나서야 현명하게 일하는 과정이 오는 고진감래형→일자형 연결 코스일망정 하드하게 일하지 않고 스마트하게 일하는 경지는 올 수 없다는 지적이다. 아니면 적어도 하드하고도 스마트하게 일하는 혼합형 관계에 있다는 설명이다.

내가 신문사에 갓 입사했을 때 논설위원이 들려주신 이야기가 있다. 인상적이었던 터라 지금도 가슴 깊이 간직하며 후배들에게 전수하곤 한다.

"네가 네 밥값 정도 일하고 있다고 생각하면 아마 네 상사는 밥값의 반 정도 일한다고 생각할 것이다. 그리고 뼛골 빠지게 월급의 곱절은 일한다고 생각하면 네 상사는 '음, 제구실은 하는걸' 이라고 평가하네. 하물며 '내가 요즘 조금 놀고 있지' 하고 스스로도 생각한다면 주위에선 '재, 형편없는걸' 이라고 판단한다네."

혼자서만 열심히 일한다는 생각이 들면 문득 자기만 바보인 것처럼 여겨질 수도 있다. 해고당하지 않을 정도로만 적당하게 일하거나, 실제로 해야 할 일의 절반만큼만 일하는 사람들을 보며 부아가 치밀어오를 수도 있다. 하지만 그들에게 화를 내거나 분노를 표하는 것보다는 오히려 감사해야 한다. 왜냐하면 그런 사람들 덕분에 당신이 성공할 기회가 커지기 때문이다. 샐러리맨들이 자신의 게으름에 대한 자책이 들 때 전가의 보도처럼 이용하는 핑계가 있다. 이른바 노동의 질이다. 노동의 양보다 질로서 판가름내보겠다는……. 하지만 양적 축적이 쌓여야 질적 변환이 초래된다는 것은 샐러리맨 가치 평가에서 절대적 진리다.

임원, CEO들은 한결같이 아침형, 아니 새벽형 인간이고 회사에 제일 먼저 출근한다. 심야에 e메일을 보낸 뒤 나중에 CEO와 일반 사원들의 수신 확인 시각을 확인해본 적이 있다. 대부분의 샐러리맨이 오전 9시30분에서 10시 사이에 e메일을 확인하는 반면 CEO 대부분의 수신 확인 시각은 오전 8시 내외였다. 출근 뒤 제일 먼저 하는 업무 중 하나가 e메일 체크라고 할 때 그만큼 이들의 출근 시각이 빠르다는 이야기다.

"자리가 사람을 만든다고, CEO가 되고 나니 자세가 달라진 것 아닙니까? 신입사원 시절의 출근 시간은 어땠습니까?"

이 같은 짓궂은 질문에 대해 CEO들은 한결같이 "신입사원 시절부터 우등상은 못 받았을망정 넘버원 출근상은 맡아놓고 받았다"고 응수했다.

샐러리맨의 제1기초는 근태

온라인 경영전문 기업 (주)휴넷의 조영탁 사장은 그 시절의 습관이 이어져 지금도 새벽 6시 40분에 출근한다. 그 역시 대학생 시절, 자취방에서 하는 것 없이 빈둥거리고 게을러서 학교 수업까지 건너뛰던 귀차니스트였던 적이 있었다. 하지만 좋아하던 선배로부터 두 시간 전 출근 습관 효과의 설교를 들은 뒤 태도가 180도 달라졌다.

"출근 전 두 시간, 퇴근 후 두 시간…… 이 시간보다 자기계발에 더 좋은 때가 없어요. 제 여러 가지 아이디어, 공부가 모두 이때 이루어지지요. 당장은 표가 안 나더라도 이렇게 갈고 닦은 사람과 아침에 허겁지겁 출근 시간에 맞춰 출근한 사람과는 엄청난 차이가 있게 마련이지요. 다만 결혼 뒤에는 아내의 양해가 필요해 조정 방안을 마련하고 있습니다. 하하."

구조조정의 마술사로 CEO 브랜드 시대를 개막한 서두칠 동원시스템즈 부회장. 그도 CEO가 되기 이전부터인 신입사원 때부터 새벽 6시 출근 법칙을 지금껏 30년 이상 지켜오고 있다고 털어놓는다.

"차가 막히지 않으니 시간 낭비가 없어서 좋지요. 우선 일찌감치 회사에 와서 일을 시작하면 여유가 있지 않습니까. 여유롭게 차도 마시고 직장도 한 바퀴 돌아본 뒤 일을 시작하는 것은 오자마자 허겁지겁 일하는 것과 차이가 많습니다. 시작이 반이란 말도 있지 않습니까. 회사 하루 일과도 마찬가지입니다. 아침을 여유롭게 시작하면 하루 일이 여유로워져요."

최정순 웅진인재개발원 원장은 아침에 일찍 출근, 사내 온라인 교육 프로그램을 듣는 것으로 하루를 시작한다. 공부와 자기계발을 좋아하는데, 스스로 자기가 좋아하는 것으로 하루를 시작하면 하루가 충만하게 느껴지기 때문이다. 이성낙 가천의대 총장 역시 새벽 출근 예찬론을 펼친다. 혹시라도 비서에게 폐가 될까봐 일찍 출근해서도 문을 꼭 닫고 티내지 않고 조용히 일한다.

내가 만난 또다른 CEO Y씨는 단도직입적으로 이렇게 잘라 말했다.

"좋은 아이디어 내는 것 좋습니다. 하지만 샐러리맨의 기초는 근태와 성실성입니다. 일단 일찍 출근, 하루를 준비하는 직원을 보면 주위의 평가가 좋을 수밖에 없습니다. 제 경험학상 일찍 출근해 하루를 준비하는 직원치고 성실하고 우수하지 않은 이를 못 보았습니다. 우수하지만 성실하지 않은 직원보다는 좀 우수하지 않더라도 성실한 직원을 차라리 조직은 선호한답니다."

평생 샐러리맨으로 전전긍긍하다 40대 때가 되어서는 "나가, 말아?" 하고 고민하는 이는 어제의 피로를 안고 출근 시각보다 5분 늦게 허겁지겁 출근한다. 하지만 CEO, 임원들은 신입사원 시절부터 넘버원으로 여유롭게 출근했다. 전자가 발짝 소리를 죽이는 것은 지각을 감추기 위해서지만, 후자가 발짝 소리를 죽이는 것은 혹시라도 다른 사람들이 일찍 온 것을 눈치 채 폐가 돌아갈까 걱정해서다.

작은 습관이 추월할 수 없는 격차를 가진 명품을 만든다. 그래서 서양 속담에 이런 말이 있지 않은가. '출근 순서와 차의 크기는 비례한다' 는.

38 수익 구조를 계산하는 습관을 갖고 있다

누군가 돈이 있다면, 그것은 대체로
그가 돈을 관리하는 법을 알고 있다는 표시다.

— 에드거 왓슨 하우 미국의 언론인

IT업계의 벤처 CEO들 몇몇과 코엑스 이종격투기장 겸 식당 구경을 간 일이 있었다. 갓 생겨서 손님이 제법 몰리고 언론도 앞다투어 보도할 때였다(알다시피 지금은 사업 부진으로 문을 닫았다). 나는 처음 보는 이종경기에 넋이 팔려 있는데 이들 CEO들은 마치 순찰 나온 경찰처럼 각각 홀을 둘러보고는 "음, 좌석 수가 몇이지?" 하며 서빙 온 종업원에게 직원이 몇 명이나 되느냐고 꼬치꼬치 묻는 것이었다. 그러자 배석한 또다른 CEO가 입장료와 관련, 수익을 계산해보곤 "음, 이렇게 해서는 운영이 힘들겠는데" 하고 나름대로 결론을 내리는 것이었다.

CEO들과 모임을 가지면서 이 같은 경험을 자주 했다. 최근 붐을 이루고 있는 스터디 카페에 공부하러 가서는 이용료 산정 방식, 수익 발생처,

간접 사이드 수익의 가능성 등을 점쳐보았다. 흥겨운 이벤트 행사에 참석해서는 이 같은 대인네트워크 비즈니스 사업의 향후 발전 가능성을 점치기도 했다. 당장 자신의 일과 관련이 없는데도 이들은 수입과 지출을 계산하는 습관을 일상적으로 갖고 있었다. 일반 사람은 소비를 즐길 때 이들은 늘 생산자의 입장에서 수익 구조를 생각하는 것, 이것이 CEO들의 다른 점이었다.

돈이 리더십이다

내가 만난 CEO 중 숫자 감각이 없다고 토로한 오너경영자로는 W사장이 유일했다. 하지만 그의 경우 숫자 감각에 예민하고 전적으로 신뢰할 수 있는 부인이 임원으로 버티며 경영을 맡아주고 있었다.

수익과 성과를 계산하는 습관이 생활화되지 않고는 CEO가 될 수 없다. 얼마 전 한 경영대상 시상식에서 만난 CEO는 요즘 기업의 사회적 기여 바람이 부는 것의 부작용을 걱정하며 이렇게 말했다.

"착한 기업이 성공한다는 말이 있지요. 이는 선진국에서의 사회 기여 인프라와 밀접한 관련이 있어요. 사회 기여란 것도 이익을 오래 보전하기 위한 사회 안전망이라고나 할까요. 빌 게이츠 보십시오. 엄청나게 기부하는 세계 최고의 봉사가지만 한편으로는 MS소프트웨어의 시장 독과점으로 비난받고 있지 않습니까."

기업이나 사람이나 착해야 하는 것은 옳은 말이다. 하지만 착함만으로는 부족하다. 중요한 것은 장사를 잘해야 한다는 것이고, 더 중요한 것은 작은 잇속을 따지면 안 되고 거시적 전략하에 이익을 도모해야 한다는 점이다. H사장은 할인매장의 시식 코너를 예로 들었다.

"헛똑똑이는 몇 점의 고기가 아까워 시식 코너를 마련하지 않지요. 하지만 큰 부자가 되고 싶은 이는 '신경 쓰지 말고 편하게 드시라' 며 고기도 큼직큼직 썰어놓지 않습니까. 당장은 손해로 보여도 그것이 오히려 손님을 끄는 것과 같은 이치입니다."

그는 남을 위해 퍼주는 것은 필요하지만 "투자한 것 이상의 경제적 소득이 있을 것인가" 가 필요하다고 강조했다. 이 같은 실리적 감각, 장삿속이 밝지 않으면 CEO가 아니라고까지 잘라 말했다. 한 최고경영자는 "사람과 길게 이야기해도 요점은 결국 서로가 어떻게 돈을 벌게 해주겠느냐는 것이 초점" 이라고 단언했다.

"돈이 리더십 아닙니까? 왜 영화 〈웰컴 투 동막골〉에도 나오지 않습니까. 리더십이 별거냐고, 등 따습고 배부르게 하는 것이라고요."

CEO들은 늘 사업을 염두에 두기 때문에 모든 현상을 수익과 관련하여 생각하지 않는 법이 없다. 착해서 무능력한 세금 수혜자가 되느니, 억척을 떨어서라도 고액의 세금 납부자가 되는 게 낫다는 것이 이들의 공통된 생각이다. 다만 1년 장사할 것인가, 10년 장사할 것인가에 따라 계산기 두드리는 방식이 달라질 뿐이다.

39 신중하게 생각한 뒤, 신속하게 결정한다

기회는 어떤 준비되어 있는 정신이 필요하다.

-- 루이 파스퇴르 프랑스의 화학자 · 미생물학자

한국 임원들과 일본 임원들이 함께 스키장에 갔다. 모두 스키장에 처음 가본 초보자들로서 신발 신는 것부터 배워야 했다. 각각 코치가 붙어 걷는 법, 넘어지는 법부터 가르쳤다. 한국 임원들은 세 시간이나 코치받는 것이 따분하다며 일단 "올라가보자"고 했다. 이들은 결국 오전 중에 리프트를 타고 올라가 넘어지며 슬로프를 타고 내려왔다. 반면 일본 임원들은 바닥에서부터 기초 스텝을 찬찬히 배워 오후에야 리프트를 탔다. 다소, 아니 많이 늦었지만 결국 중급 코스에서 멋지게 슬로프를 내려오는 것은 어느 쪽이었을까? 여러분의 판단에 맡긴다.

바른 판단을 할 것인가, 빠른 판단을 할 것인가? 늘 헷갈리는 문제다. 이 문제에 부딪혔을 때 나는 위의 에피소드가 생각나곤 한다. 현대 경영계의 구루 톰 피터스는 신속하게 잘못하는 판단이 느리고 바른 판단보다 낫다고 자신 있게 말한다. 반면에 세계적 경영 컨설턴트 브라이언 트레이시는 섣불리 결정하지 말라고 신신당부하고 상반된 조언을 한다. 최종 결정을 내리기 전에 하루 이틀 혹은 한 달 동안 생각하는 습관을 들이라는 게 그의 간곡한 주문이다. 가능한 한 결정을 뒤로 미루고, 당신의 머릿속에 다양한 정보를 집어넣는 바로 그 행동이 훌륭한 결론을 가져올 수 있다는 설명이다.

번개 같은 판단 뒤에는 거북이 같은 준비가 숨어 있다

어떤 이는 일단 물에 빠져봐야 수영을 할 수 있다 하고, 어떤 이는 준비운동을 충분히 해야 심장마비를 피한다고 한다. 두 이야기 모두 일리가 있다. 이에 대한 CEO들의 실제적 행동은 어땠을까?

돌다리도 두들기고 건너라. 이것도 부족해 앞의 사람이 제대로 건너는 것을 보고서 건넌다. 고(故) 이병철 삼성 회장의 의사결정 수칙이다. 삼성그룹 비서실에서 다년간 일하며 삼성 이병철 회장을 모셔온 손병두 서강대 총장은 그에게서 가장 배울 점으로 이 회장의 철저한 준비에 기초한 신중한 결정을 꼽았다.

"이병철 회장이 생전에 전경련(전국경제인연합회) 국제경영원에서 한 시간 강연 초청을 받았어요. 3개월간 저를 불러다놓고 메모하게 하시고, 또 똑같은 이야기를 하시고 나중에 키워드, 20장, 풀텍스트를 다 옮겨 푼 것 등 세 가지 버전으로 자료를 만들게 하시더군요. 지난번 한 이야기를 또 하시고, 그래서 저는 내심 같은 이야기를 되풀이해 듣는 게 지루하기도 했지요. 나중에 왜 그런가 했는데 그것 자체가 프레젠테이션 연습이었어요."

그것뿐이 아니었다. 강연 전 강연장의 사진, 그 뒤에 둘러친 병풍의 사진까지 다 찍어오라고 하더란 것. 그런 후에 그 병풍을 배경으로 어떤 넥타이와 양복이 어울릴지에 대해 자문을 구한 뒤 비로소 '무대'에 오르더란다. 요점은 그만큼 철저한 준비를 하더란 이야기다. 이같이 철두철미하게 준비한 뒤에 신중한 결단을 내렸다. 에버랜드를 만들기로 결정하기 위해 일본의 관련학문 교수란 교수는 다 만나고 책이란 책은 다 섭렵했다는 것은 잘 알려진 이야기다.

삼성이 반도체를 인수, 오늘날의 삼성전자를 키워낸 것은 신속한 결단력의 결과라고 많은 사람들은 생각한다. 하지만 준비가 안 되었다면 그 같은 판단은 불가능했다. 결국 남에게는 빙산의 일각으로 신속한 판단처럼 보이지만, 신중한 과정이 그 뒤에 숨어 있다는 이야기다.

준비 없이는 속도 못 낸다

우후죽순이란 말이 있다. 비 온 뒤에 여기저기서 파릇파릇 한꺼번에 죽순이 나는 모양으로, 한꺼번에 여기저기서 일이 발생함을 가리킨다. 하지만 관련학자들의 이야기를 들어보면 대나무가 씨를 뿌려 싹을 내는 데는 5년의 세월이 걸린다. 2~3년 노력해서는 실뿌리도 못 내린다. 하지만 사람들은 그 땅속에서의 긴 세월을 보지 못하고, 비 온 뒤에 한꺼번에 싹이 났다고 쉽게 말하는 것일 뿐이다.

모터 및 세면기를 수출입하는 중소업체의 A사장. 그는 3년 전 캐나다로 날아가 캐나다 세면기를 수입해오기로 전격 결정했다. 현재 연 수억 원의 알토란 같은 효자 상품이 되고 있다. 주위의 동료들은 그가 캐나다로 날아가더니 운 좋게 하나 잘 물어왔다며 운이 좋다느니 눈썰미가 좋다느니 하며 부러워한다. 과연 마침 잘 맞아떨어진 것에 지나지 않을까? A사장의 대답은 이와 다르다.

"저는 7년 전부터 세면기를 수입해야겠다는 관심을 꾸준히 가져왔어요. 그러다 마침 캐나다에서 전시회가 열린다고 해서 날아가 전격 결정을 내린 것이지요. 이미 그 종목에 대한 충분한 데이터와 정보가 쌓여 있고 보는 안목을 갖고 있었지요. 그래서 번갯불에 콩 볶아 먹을 수 있었지요. 준비가 없는데 속도가 날 수 있습니까."

비즈니스도 운동 경기할 때와 같다는 이야기다. 언제 '출발' 신호가 떨어질지는 모르지만 신호가 떨어지고 나서야 주섬주섬 운동화 갈아신고 신발끈 매는 선수와, 이미 올세팅한 채로 있다가 신호 떨어지자마자 달려나가는 선수와의 차이와도 같다. 그것은 생각하지 않고 관중의 입장에선 목표 지점에 빨리 뛰어간 결과만 본다는 이야기다.

제갈정웅 대림대학 이사장(전 대림그룹 부회장)을 만나 신속함과 신중함의 균형을 어떻게 맞춰야 할까에 대해 물어보았다. 그는 신속함과 신중함을 결정하는 기준에 대해 이렇게 말했다.

"내공이 쌓인 뒤에 신속한 결정이 나오는 것이지요. 영감(inspiration)이란 것도 여러 번 비슷한 경험을 쌓은 뒤에 발생하는 것이니까요. 저 같은 경우 신속함, 신중함에 앞서 '왜'를 물어봅니다. 왜 해야 하나를 생각하면 신중해야 할지, 신속해야 할지도 분별이 됩니다."

바르고 빠른 판단을 내리는 것은 중요한 일이다. 하지만 이들이 이런 판단과 뚝심을 발휘하기까지 쌓아온 내공을 보지 않고 저돌적 추진력만을 벤치마킹하는 것은 위험한 일이다. 내가 만난 한 경영자는 이런 말을 했다.

"감(感) 가지고 서둘러 판단하다 망할 일 있습니까. 방향 잘못 잡고 달려갔다 돌아오는 리스크가 얼마나 큰데요. 철저한 데이터 분석이 필수지요. 신중한 판단이 쌓여 신속한 판단으로 나가는 것이지, 거저 신속한 판단을 하게 되는 법은 없습니다."

김순택 삼성SDI 사장은 《월간중앙》과의 인터뷰에서 이렇게 말했다.

"평소에 모든 것을 부정해보고 고민하고 또 고민해보라고 충고합니다. 왜란 질문을 세 번만 해보라고 권유하는 거죠. 지금 하는 일이 과연 최선인가, 다른 방법은 없을까를 고민하라고 합니다. 모든 일에 고민해보고 최선을 다한 후에 결정하라는 것이지요."

즉, 이들은 CEO가 되기 이전부터 가상 도상 훈련을 하는 습관을 지니고 있었다. 몇 단계를 넘은 것이든, 아니면 바로 윗단계 상사의 결재 사항이든 간에 늘 책상 한 칸 뒤 '내 입장이라면 저 사안에 대해선 어떻게 결단을 내렸을까' 하는 진지한 가상 도상 훈련을 거쳤기에 최고경영자가 되어서 중요한 판단을 내리는 데 어려움이 적을 수 있었다.

고객의 이익은 나의 이익이다 40

우리는 직원들에게 '수익에 대해서는 걱정하지 말라.
고객 서비스에 대해서만 생각하라'고 말한다. 수익은 고객 서비스의 부산물이다.
수익은 본질적으로 목표가 될 수 없다. 그것은 여러분 서로간의 관계,
그리고 외부 세계와의 관계 맺음 방식과 그 노력에 의해 얻어지는 것이다.

-- 허브 켈러허 사우스웨스트항공 전 회장

내가 잘 가는 음식점이 있다. 그 집 아주머니는 문간에 들어서면 마치 새벽에 까치가 울어 찾아온 손님인 듯 버선발로 뛰어나오다시피 하며 맞는다. 그러고는 음식점을 눈치 있게 돌아다니면서 밑반찬도 손님이 더 달라고 말하기 전에 알아서 넉넉하게 담아 갖다준다. 그 푸짐한 인심에 또 가고 싶다는 생각이 든다. 아마 최소의 원가로 최대의 효용을 추구한다는 경제 법칙을 적용한다면 도저히 이론에 맞지 않는 일일 것이다.

고객은 무조건 옳다

반면에 얼마 전 명예퇴직한 후 음식점을 차린 J씨. 점심시간에 밥을 먹으러 가면 자신이 도저히 식당할 사람이 아니란 듯 카운터에서 책장만 넘

기고 있기 일쑤다. 주인의 무관심은 종업원이 먼저 알아차리게 되어 있다. 반찬이 떨어졌나 안 떨어졌나 살피기는커녕 갖다달라고 소리소리 질러도 못 들은 것인지, 못 들은 척하는 것인지 무시하기 일쑤다. 그래서 반찬 몇 접시를 절약할 수 있을지는 몰라도 손님의 인심을 잃으니 장기적으로는 손해다. 한 번 이야기를 해주었는데도 달라지는 게 없으니 그만 발길을 끊고 말았다.

정상에 오른 이들이 한결같이 하는 말이 있다.

"고객은 무조건 옳다. 고객의 이익이 곧 우리의 이익이다."

심지어 고객의 이익과 회사의 이익이 상충될 때는 고객의 이익을 우선시하라고 말하는 CEO도 있었다. 그런데 세상 이치가 참 재미있는 것은 그런 말을 하는 회사일수록 더욱더 영업 수지가 좋았다. 마치 위의 두 음식점에서 차이가 나는 것처럼 말이다.

아웃백 스테이크 하우스는 패밀리 레스토랑 중 국내 1위를 달리는 업체다. 9년 만에 74개 점포를 확장해 2004년 매출 2280억 원을 기록, 업계 최고를 차지한 일은 여타 다른 국가에서도 드문 케이스라 미국 본사에서도 한국 내 성장에 놀랄 정도라고 한다. 이 같은 성공의 견인차는 정인태 사장이 지금은 사퇴했지만 정인태 사장은 재직 시절, "고객이 옳다면 무조건 옳다"는 말을 입에 달고 다녔다. 그는 아웃백 홈페이지를 늘 들락거리며 고객들의 반응을 체크했다. 각 점포의 점주들은 고객들이 인터넷 게시판에 항의 글을 띄우면 24시간 안에 댓글을 달 만큼 적극성을 보였다. 또 고객 불만 전화는 모두 정 사장에게 돌리는 게 불문율이다. 아웃백 주차장에서 차가 긁히면 회사 측에서 보상해주는 규정이 있다. 어느 해

여름, 한 고객이 주차장에서 차가 긁혔다고 보상을 요구하는 일이 있었다. 직원이 가서 현장을 확인해보니 차 긁힌 자국에 녹이 슬어 있었다. 다시 말해 지금 긁힌 게 아니고 꽤 기간이 지난 것임에 틀림없었다. 그래서 옥신각신 논쟁이 벌어졌다.

그때 정 사장이 직원에게 한 말은 간단했다.

"보상해드려라. 고객이 옳다면 옳은 것이다."

직원이 나중에 이 같은 이야기가 퍼져 이런 일이 계속 발생하면 어떻게 하냐고 볼멘소리를 하자, 정 사장은 이렇게 타일렀다고 한다.

"걱정하지 마라. 대한민국이 그럴 리 없다. 만일 우리 회사가 그런 고객들이 많아져 보상해주느라 문을 닫는다면 우리 회사가 망하기 전에 대한민국이 망할 것이다."

'마음의 지갑'을 열어야 '돈지갑'이 열린다

늘 고객의 입장에서 생각해야 성공할 수 있다는 것은 정상에 오른 경영자들의 공통 마인드다. 잘되는 회사, CEO일수록 고객이 누구인지, 니즈가 무엇인지 선명하다. 반면에 안 되는 회사일수록 고객의 개념과 니즈가 불투명하다. 혹시 자신이 하는 일은 물건 파는 업종과 상관없다고 말하는 분이 있을지도 모른다. 하지만 이런 말을 하는 순간, 성공은 문지방을 넘어 뒤꼬리를 흔들며 사라진다. 시멘트를 제조하는 업종에 종사하더라도 자신의 고객을 시멘트를 사는 대리점업주에 한정하지 않고, 그 시멘트로 지은 건축물에 살 사람까지 포함시키면 창의력과 서비스 마인드는 한결 배가된다.

CEO로서의 성패는 고객 관리에 달려 있다는 점에서 이젠 CSO(Chief Satisfaction Officer)란 말조차 낯설지 않다. 성공한 이들은 고객이 최우선임을 립서비스가 아니라 몸으로 실천하고 있다. 당장의 영업 상대를 넘어 최후의 소비자까지 생각하고, 그들에 대한 로열티를 높임으로써 성과를 높였다. 고객 확장은 새로운 시장을 통해 개척되기보다는 동심원으로, 로열티 넘은 고객을 중심으로 확장된다는 것이 이들의 공통된 이야기다. 시장 개척 못지않게 중요한 것은 관리다. 그러기 위해 이들은 불평불만의 소리를 하나도 소홀히 듣지 않는다. 자신을 먹여 살리고 월급을 주는 것은 고객이란 것을 명심하고 실천할 때 행동거지와 사고방식이 달라질 수밖에 없다.

한 소프트웨어 업체의 CEO는 이렇게까지 말한다.

"고객이 불평불만을 하는 것은 우리 회사로선 품질 개선의 새로운 기회입니다. 돈을 주고라도 품질 체크를 해야 하는 판에 적극적으로 아이디어를 주시니 절이라도 해야 할 일 아닙니까. 신주 받들듯 모셔야지, 왜 열받아 싸우겠습니까. 또 그런 고객은 불평도 적극적이지만 칭찬을 퍼뜨리는 데도 적극적입니다. 장기 고객이 되는 것은 물론 입소문 마케팅에 적극 나서게 되지요."

그의 회사 소프트웨어 제품을 사용하는 고객 2명이 바탕글자 색깔이 마음에 들지 않는다고 불평을 전해왔다. 그는 즉시 전 세계 소비자들에게 설문 조사해서 100% 교체했다. 불만을 표하는 고객 2명은 숫자 자체는 작지만 그 뒤엔 거기에 동조하는 수백, 수만 명의 고객 불만이 감자 줄기처럼 지면 아래 존재할 가능성이 있다는 판단에서였다.

최근 CEO들의 경력을 보면 비서실 출신에서 공장장 등 현장 경력이 풍부한 이들로 옮겨가는 추세다. 이는 바로 상사의 마음을 읽는다는 것보다 고객의 마음을 읽는 것이 중시되는 트렌드와 무관하지 않다.

고객의 마음을 읽는 것만으로도 부족하다. 고객이 생각하지도 못한 곳까지 짐작해 가려운 곳을 긁어주고 고객의 성공을 지원할 아이디어를 제공하라. 고객의 철통 지갑을 열게 하기 위해선 먼저 마음의 지갑을 열게 해야 한다. 마음의 지갑을 열게 하려면 성의로든 무엇으로든 진정한 감동을 주어야 한다.

정상에 오른 CEO들은 학습이든 경험을 통해서든 '나는 준다'의 미래형은 '나는 받는다'임을 굳게 믿는다. 고객에게 아이디어를 청하고, 고객이 바로 나의 상사로서 자신에게 월급을 준다는 사실을 절실히 느낄수록 당신은 CEO에 가깝게 갈 수 있다.

당신은 당신의 고객을 정확히 파악하고 있는가? 그리고 고객의 요구를 얼마나 읽고 있는가? 고객의 요구를 만족시키는 방법은 얼마나 알고 있는가? 이에 따라 당신이 확보한 단골 고객 수는 어느 정도나 되는가 리스트를 작성해보자. 그것이 지금 당장 쉽게 측정할 수 있는 성공 지표이자 미래의 성공 예측 지수이다.

41 식사 시간을 경영하라

시간이 너무 적은 것이 아니고,
우리가 너무 많은 시간을 낭비한다.

— 세네카 로마의 정치가 · 작가 · 철학자

샌드위치나 컵라면으로 간단히 때우고 외국어학원 다니기 등 점심시간 쪼개 쓰기가 직장인들 사이에 유행이라고 한다. 한 취업 포털의 설문 조사에 의하면 직장인 62%가 점심시간을 자기계발에 투자하고 싶다고 했다. 이들은 독서와 산책(19%), 운동(19%), 외국어(14%), 자격증(6.5%) 등에 점심시간을 할애하는 것으로 나타났다. 직장인 5명 중 3명은 자기계발을 위해 점심시간을 쪼개 활용한다는 이야기다.

점심시간을 어떻게 활용하면 잘 썼다고 소문날 수 있는 걸까? 과연 신문, 독서, 외국어 등이 최선의 활용일까? 여기에 대해선 여러 가지 의견이 있을 수 있다.

인맥 관리를 통한 정보와 지식 습득의 대비수익을 보여줄 수 있는 에

피소드 하나를 소개한다. 중국 지사로 발령 난 남편을 따라 중국에서 살다온 작가 K의 이야기다. 알다시피 중국은 국내보다 물가가 싸니 같은 월급을 갖고도 여자들이 유모나 침모를 두고 편하게 살 수 있었다. 아줌마들이 모여서 여는 식사, 티 파티도 질펀하게 열린다. 하지만 작가 K는 그 같은 모임이 소비적이고, 수다만 떤다고 생각하며 은근히 무시하고 단호히 거부했다. 그리고 현지에서 중국어를 공부하는 데 건설적으로 몰두했다. 그런 자신이 은근히 대견하기까지 했다.

국내로 돌아오고서 과연 어떻게 되었을까? 그 수다파 아줌마들은 과연 현지에서 중국어는 배우지 않고 수다만 떨었기 때문에 인생을 허비한 것일까? K의 전언에 의하면 오히려 반대였다. 그 아줌마들은 식사 등 모임을 하며 나눈 정보로 국내에 줄을 대서 아파트 등에 투자, 오히려 이익을 남겼다. 중국어 공부를 열심히 하느라 현지 인맥, 국내 인맥을 도외시한 K는 중국어 강사, 번역으로 하루하루를 도모하며 푼돈을 버는데 그 아줌마들은 목돈을 벌었다고 한숨을 지었다.

물론 어느 것이 가치 있는 선택이었느냐에 대해선 이견이 있을 수 있다. 중요한 것은 자기계발을 위한 시간 활용을 공부만으로 한정할 필요는 없다는 사실이다.

나 홀로 공부만이 시간 활용의 능사는 아니다

많은 CEO들은 점심시간의 베스트 활용은 바로 공부나 독서가 아니라 인맥 쌓기에 있다고 생각한다. 그들에게 식사는 비즈니스의 연장선이다. CEO의 가장 큰 업무는 바로 사람 만나는 데 있다고까지 말한다. 그런 점에서 식사 시간 경영이야말로 사람을 통한 정보 교류, 친밀감 쌓기에 가장 좋은 기회다. 그것이 책 한 줄 읽는 것보다 더 큰 폭발력을 발휘할 수 있다. 이들은 웃고 떠들며 밥 먹는 것이 결코 소비가 아니라 생산적인 것임을 잘 알고 있다.

GE에서 6시그마를 시작한 것도 당시 잭 웰치 회장이 모토롤라 회장과 밥을 먹다가 시작된 것이라 한다. GE코리아의 이채욱 회장은 기자들과 인터뷰를 하고 나선 되도록이면 식사를 같이 한다. 공식적 자리 외에 비공식 자리까지 이어져 이야기를 나누다보면 한결 자연스럽게 그의 인간적 면모를 접할 수 있다. 그는 "주로 회사 직원들과도 점심식사를 같이 하며, 이때 나눈 이야기야말로 회의 시간 때 한 이야기보다 고단백 정보가 많다"고 말한다. 식사 시간을 경영할 줄 아는 것은 CEO의 기본 노하우다. 서영태 현대오일뱅크 사장도 식사 시간을 잘 경영하는 CEO로 꼽힌다. 그는 직원들에게 점심을 같이 하자고 스스럼없이 청해 자연스레 커뮤니케이션의 시간을 갖곤 한다.

정오에서 오후 1시까지 점심시간 한 시간은 결코 긴 시간은 아니다. 우리 주변의 직장인들이 이 시간을 쪼개 운동, 외국어, 독서를 한다면 당연히 격려해주어야 할 것이다. 하지만 그 같은 나 홀로 공부가 최고의 자기계발이라고 믿는다면 오산이다. CEO들은 그 시간에 다양한 사람들과 어울리거나, 내부 사람들과 전략적으로 만나 정보를 교류하고 관계를 맺는다. 차라리 공부를 하기 위해 자신의 수면 시간을 줄일망정 점심시간을 활용한 커뮤니케이션 시간은 놓치지 않는다는 게 이들의 점심시간 테크다.

그래서 이들은 점심시간을 혼자서 보내는 법이 없다. CEO이든 아니든 성공한 삶을 살고 싶다면 당신의 점심시간을 약속으로 채워야 한다. 같은 부서의 사람뿐 아니라 다양한 외부 부서의 사람들과 약속을 전략적으로 수립해야 한다. 식사 시간은 자연스레 흘러가는 것이 아니라 전략적 차원의 이용 대상이다. CEO들은 낯선 사람에게 함께 밥 먹자고 청하는 것을 결코 두려워하지 않는다. 서양 속담에 '혼자서 밥 먹지 말라' 는 말이 있는 것은 헛말이 아니다.

Chapter 4

CEO의 인맥 만들기

피할 수 없으면 즐겨라. 상사를 마음대로 고르기는 힘들다. 그렇다면 상사에 맞추는 게 수다. 마음에 안 드는 불합리한 상사는 어디에고 있게 마련이기 때문이다. 기다리면 기회는 온다. 하지만 섣부른 자존심을 내세워 툭탁거리면 리더십 발현은커녕 기회도 오지 않는다. 조직을 내 방식대로 바꾸는 것은 리더가 되고 나서 해도 늦지 않다. 상사의 마음을 얻으려고 노력하는 것이야말로 성공의 통과의례로 반드시 거쳐야 할 코스다.

42 상사를 자기 편으로 만드는 5가지 방법

관리자로서 상사를 다루는 일이 얼마나 중요한가를 깨닫기는커녕,
상사를 다룰 수 있다는 가능성 자체를 믿는 사람조차 거의 없는 듯하다.
관리자들은 상사의 일에 투덜대지만 상사가 남자이건 여자이건
그를 다루려고 애쓰지도 않는다.

— 피터 드러커 미국의 경영학자

당신이 존경하는 사람은 누구입니까? 이 질문을 들었을 때 당신은 누구를 떠올리는가? 세종대왕, 잭 웰치……. 물론 좋다. 하지만 당신이 진정으로 성공하고 싶다면 적어도 직장 상사 한 명은 퍼뜩 떠올랐어야 한다. 아니면 지금부터라도 만들어야 한다. 임원 이상 CEO에게 이 같은 질문을 던질 때 빠지지 않는 인물은 직장 상사였다. 꼭 대단한 멘토 노릇을 해준 경우여서만은 아니었다. 자기는 내성적인데 거래처에 더분더분 전화를 잘하는 자기 바로 위의 과장을 보며 너무 배우고 싶었다는 것 등 사소한 케이스도 많았다.

그렇다면 과연 임원 CEO들은 과연 정말 배울 만한 에센스 상사만을 만난 행운아라서 이같이 대답하는 것일까? 내 생각으로는 아니다. 바로

상사에게서 배울 만한 점을 어떻게든 찾고, 그들을 자기편으로 만들 줄 알았기에 오늘날 그 자리에 오를 수 있었다.

최고경영자들은 과연 상사를 어떻게 자신의 편으로 만들었을까?

상사를 애인처럼 연구하라

첫째는 애인처럼 상사를 연구했다. 동기 중 늘 '최초로'를 마크하며 임원 승진의 테이프를 끊어온 J사장. 그는 동료들과 술안주삼아 상사를 욕하고 동료애를 다지는 것은 불량 접착제라고 잘라 말한다. 스스로 인생이 피곤해지고 초라해지는 것은 물론 어제의 공분(公憤)이 미래의 어떤 배신으로 이어질지 모르기 때문이다. 그보다는 상사를 차라리 나의 연애 대상으로 삼아 연구하니 마음이 한결 편안해지더란 것.

"동료들과 뒤에서 상사를 비난하면 스스로 기운이 빠지지 않나요? 상사를 험담하는 것은 취약입니다. 우리 나이에 따지고 들어가면 의불의(義不義)보다는 자신에게 이불리(利不利)를 가지고 이야기하는 것 아닙니까. 차라리 그 시간에 상사를 어떻게 감동시킬지 연구했습니다. 상사가 무슨 잡지를 구독하고 드라마는 무슨 드라마를 보는지를 파악하고 나니 이야기가 일사천리로 진행되더군요. 상사뿐 아니라 일반적 대인관계에서도 그렇지 않나요? 하나를 이야기하면 열을 알아듣고 맞장구를 쳐주는데 싫어할 사람이 누가 있겠습니까."

그는 상사에게 보고하러 갔을 때 책상 위에 놓여 있는 잡지, 책꽂이에 있는 책도 그냥 스쳐 지나가지 않고 관찰했다고 한다. 이야기의 기회가 있을 때 자연스럽게 상사의 관심 서적, 저자를 언급함으로써 이야깃거리를 만들었다는 것. 이처럼 부드럽게 진도를 나가게 해주는 경우와, 멀뚱멀뚱 엉뚱한 소리만 하는 경우, 어떤 사람에게 호감을 가질 수 있겠는가.

임원 P씨 역시 같은 의견을 피력했다. 일단은 의사소통의 기회를 자주 가지는 것이 필요하다는 것. 만일 상사가 식사를 같이 하자고 하면 이미 식사했더라도, 화장실에 가서 토하고 올망정 함께 밥 먹고 이야기 나눌 기회를 놓치지 말아야 한다는 게 그의 지론이다.

"옛날 중국 고사를 보면 악발토포(握髮吐哺)란 말이 나옵니다. 주공이 어진 인재를 맞기 위해 머리를 감다가도 뛰쳐나가고, 입에 밥을 물었다가도 토해내고 맞았다는 이야기지요. 임금이 신하를 맞이할 때도 그런데요, 상사를 내 편으로 만들기 위해 그 정도 못할 게 무엇이겠습니까."

상사에게 지극정성으로 한다는 것은 그의 이야기에 장단만 맞추는 예스맨이 되어야 한다는 이야기가 아니다. 사람의 눈은 예리해서 그저 아부로 예스하는 것은 어떻게든 표가 나게 되어 있다. 그것은 상사의 비위를 맞추기는커녕 오히려 독이 될 수 있다.

차라리 상사가 필요한 정보를 제공하는 것이 좋은 방법이다. 그가 어떤 정보에 목마른지를 읽고, 그것을 얻을 수 있는 방법과 통로 등을 조언하는 것이 효과적이었다고 이들은 입을 모았다. 상사가 자신에게 감사할 일을 많이 만들 수 있으면 자신의 지원자가 되는 것은 시간 문제다. 거대한 사업 정보만이 정보는 아니다. 이번 회사 등반 대회에 가는 코스 옆의 도토리묵 집은 어디가 좋고, 어느 신문에 난 우스개 기사가 인구에 회자된다는 등의 사소한 정보도 상사는 반가워한다. 상사를 연구, 후원자로 만들지 않으면 CEO가 되기는 어렵다.

질문의 힘

이들이 두 번째로 권한 '상사, 내 편으로 만드는 법' 은 질문이었다. L사장은 중간관리자 시절, 가치관이 다른 2명의 상사를 모시고 있을 때가 가장 혼란스러웠다고 털어놓았다. 직속상사와 최고 사장, 즉 왕과 대비마마를 모시고 양쪽의 눈치를 봐야 하는 입장이었다. 문제는 이 두 상사가 기대하는 바가 각각 다르다는 점. L사장이 중간 관리자 시절 이에 대처한 방법은 세 가지였다. 하나는 "상사가 자신에게 무엇을 기대하는지를 분명히 확인하는 것" 이었다. 이를 통해 혹시라도 과녁이 빗나가는 실수를 피할 수 있었다.

"왜 공격이 최고의 방어란 말도 있지 않나요. 일단 저는 질문을 확실히 했습니다. 눈치로 때려잡아 기대에 부응하려고 전전긍긍하거나 시행착오를 겪는 것보다는 질문을 통해 분명히 확인하는 게 효율적이라고 생각했거든요. 물론 외국인 회사라서 이 같은 적극적 사고방식이 통했다는 점도 있지요. 조직에서 보면 해당자는 엄청 바쁜데도 사실은 조직이 원하는 바를 몰라서 엉뚱한 일에 시간과 열정을 낭비하는 경우가 있어요. 본인은 바쁜데 조직이 알아주지 않는다고 구시렁거려봤자 자기만 손해라고 생각합니다. 이 경우, 십중팔구 상사는 "시키는 일은 하지 않고" 란 말로 노력을 깎아내리게 되거든요. 상사와의 불화를 줄이기 위해서는 조직이 본인에게 우선적으로 원하는 것이 무엇인지를 적극적으로 파악해야 된다는 점을 권하고 싶습니다."

특히 외국인 회사 임원들일수록 한국 직원과 일하며 가장 답답한 점은 "중간에 보고하지 않고, 질문하지 않는다" 는 것이었다. 이는 한국에서도 적용되는 상황이다. 상사는 럭비공처럼 어디로 튈지 모르는 직원에 대해서는 불안하다. 당신이 어디에서 무엇을 왜 하고 있는지를 보여주는 예측 가능한 사람이어야 신뢰를 줄 수도 있고, 방어도 해줄 수 있다.

L사장은 이와 함께 결코 직속상사를 건너뛰어 직보(直報)하지 말 것을 강조했다. 때로는 직속상사와의 불화를 그 윗상사에게 보고하고 싶은 마음이 굴뚝같은 적도 있겠지만 꾹 참고 눌러야 한다는 것. 이 같은 위계질서를 허물고 당신이 직속상사를 건너뛰어 아무리 사소한 것일지라도 그 윗선과의 직거래를 시도한다면 그것은 곧 자살골과 같다고 말했다. 직속상사에게 밉보이는 것은 물론, 그 윗선의 상사도 위계질서를 무너뜨리는 '돌발분자' 로 인식하여 불신을 사기 쉽다는 것이다.

그는 이와 관련해서 지금도 가슴 아픈 추억 한 조각을 안고 있다. 중간관리자 시절 직속상사와의 부대낌을 못 견딘 그는 급기야 사장에게 '직보', 말하자면 고자질을 하고 말았다. 직속상사와의 부대낌 때문에 마음고생이 적지 않다고 신문고를 울렸던 것. 사장이 자신을 나름대로 인정해준다고 생각했지만 그때 들은 사장의 대답은 지금도 상처로 남아 있다.

"자네를 안 지는 7년이지만 내가 K상무를 안 것은 20여 년이네. 내가 두 사람 중 누구를 택할 것이라고 자네는 생각하는가?"

그 뒤로 L사장은 자신의 직속상사에 대해 다시는 불평하지 않는다는 신조를 지금껏 지켜오고 있다.

상사에게 공 돌리기

세 번째는 상사에게 모든 공을 돌리고 자기 생색을 내지 않는다는 점이었다. 자주 언론을 타는 은퇴한 전문경영인이 있었다. 신년이면 그의 인복과 재복이 엄청 좋다는 점술가들의 기사가 늘 실렸다. 사실 여부가 궁금해 그룹 내부 사람에게 물어보았더니 시큰둥하게 대답하는 것이었다.

"일반 샐러리맨보다야 당연히 복이 많은 분이지요. 하지만 알 만한 분은 다 알지요. 진짜 그룹 내 숨은 실력자이자 공헌자는 B 전 부회장이라는 것을요."

현재 자신의 사업을 하는 B회장을 만나 인터뷰를 청했다. 그는 극구 손사래를 치며 "아이고, 저는 그룹에 있을 때부터 제 이야기 나오면 홍보책임자 목 자른다고 했을 정도입니다"라고 말하며 인터뷰를 사양했다. 그러면서 오프 더 레코드를 전제로 한 시간 가량의 개인적 인터뷰만을 허락했다. 그의 사원 시절부터 부회장 시절 이야기를 들으며 느낀 것은 일은 주인처럼 하되, 공은 주인에게 돌린 것이 바로 고공비행을 하면서도 장수할 수 있었다는 점이다.

많은 부하직원의 불만이 상사가 자신의 아이디어를 가로채 무임승차한다는 점이다. 바꾸어 말하면 자신의 최상 고객인 상사가 가장 필요로 하는 게 자신의 아이디어란 이야기도 된다. 고객이 필요로 하는 가치를 주는 사람일수록 큰 보답을 받게 되는 것은 비즈니스의 기본 원칙이다. CEO들은 사원 시절 무임승차자 상사를 비난하기 전에 이 단순한 원리를 깨우치고 오히려 '이용당함으로써 기여하고자' 노력했다.

연보상의 힘

네 번째는 내가 먼저 연보상(연락, 보고, 상의)을 통해 상사의 마음을 샀다고 말하는 상식형이었다. 푸르덴셜 생명의 황우진 사장은 "상사로부터 신뢰를 받는 가장 큰 원칙은 마음을 열고 이야기하는 것이었다"라고 말했다. 원론적이지만 상사를 내 편으로 만드는 데 있어서 기본 원칙이기도 하다. 그는 자신이 다른 회사로부터 스카우트 제의를 받았을 때도 일일이 멘토처럼 상사에게 상의, 결국 네 번째 스카우트 제의를 받고 상사의 허락을 얻은 뒤에야 회사를 옮겼다. 당시 그는 믿음직한 후배까지 하나 얻어서 영예로운 이직을 할 수 있었다.

혹자는 몸값 부풀리기 혹은 운 좋게도 마음 넓은 상사를 만났기 때문이라고 그의 개방성을 폄하할지 모른다. 하지만 자신이 먼저 마음을 열면 상사도 마음의 문을 열게 되어 있다. 마음의 문을 열고 책임을 같이하기 위해 일상에서 중요하게 지켜야 할 요소가 있다. 바로 연보상이다. 연락하고 보고하고 상의해야 한다는 뜻이다. 이 같은 연보상은 나중에 상사와 책임을 같이 공유할 수 있고, 내가 무엇을 하고 있는지를 파악할 수 있게 한다는 점에서 상사의 신뢰를 얻는 데 필수다. 연보상을 지킬 때도 명심해야 할 요령이 있다.

바로 상사와 소통하는 데 있어서 가장 적합한 소통 수단을 찾아야 한다는 것이다. 페이스 투 페이스의 직보형을 원하는지, 메일 투 메일의 디지털형인지를 알면 커뮤니케이션이 쉽다. 어떤 상사는 e메일이 효율적이라며 굳이 직접 보고할 필요가 없다고 하는가 하면, 어떤 이는 문서로 보아야 머리에 일목요연하게 들어온다는 이도 있다. 이 같은 코드를 파악하는 사소한 노력이 의외로 큰 성과를 발휘했다.

후퇴의 힘

마지막으로 허허실실형이 있다. 아니 할 말로 '강한 사람이 살아남는 게 아니라 오래 남는 사람이 강한 것' 이란 장기적 안목을 갖고 기다렸다는 강태공형이었다. 솔직히 CEO들의 경우에는 떡잎형으로 일찍부터 재능면에서 두각을 나타내는 경우도 많았다. 그러자면 자기주장도 강하고 상사에게는 자칫 눈엣가시가 되기 쉽다.

모 경제연구소 조사에 의하면 가장 싫은 부하 유형은 게으름뱅이가 아니라 바로 리더십을 갖춘 유능한 부하였다. CEO들 역시 탄탄한 성장가도를 달려온 것은 아니었고 나름대로 조직의 특성상 불공정한 인사 등 좌천이나 상사의 견제로 불합리한 일을 당한 경우도 많았다. 이때 보통사람은 홧김에 사표를 던지는 게 승리라고 생각하지만, 최고경영자들은 이보 전진을 위한 한 발 후퇴를 취한다는 점이 달랐다

"지금 저 사람들이 나의 영원한 상사가 아니다. 이 순간이 지나면 평화가 찾아올 것이다."

이들은 이 말을 하루에도 수십 번씩 되뇌었다고 한다.

김효준 BMW코리아 사장의 말을 들어보자. 그가 한국 신택스에서 근무하던 시절, 상사와의 갈등으로 한때 사표를 양복 안주머니에 끼고 살았다. 그러니 남은 고사하고 스스로 괴로워 못 살겠더란 것. 어느 날 문득 '내가 저 양반 때문에 회사 다니는 것 아니지 않은가' 라고 생각을 바꾸니 상사를 대할 때 찌푸린 얼굴을 펼 수 있더란 것. 상사의 말에 딴죽을 걸기보다는 허허 웃을 수 있고 당연히 관계도 개선되더란 회고다.

피할 수 없으면 즐겨라. 상사를 마음대로 고르기는 힘들다. 그렇다면

상사에 맞추는 게 수다. 마음에 안 드는 불합리한 상사는 어디에고 있게 마련이기 때문이다. 기다리면 기회는 온다. 하지만 섣부른 자존심을 내세워 툭탁거리면 리더십 발현은커녕 기회도 오지 않는다. 조직을 내 방식대로 바꾸는 것은 리더가 되고 나서 해도 늦지 않다. 상사의 마음을 얻으려고 노력하는 것이야말로 성공의 통과의례로 반드시 거쳐야 할 코스다. 당신의 상사는 특별하다고? 다른 곳에 가면 더 특별한 몬스터가 존재할지도 모른다. 지금 이곳의 몬스터를 처치하지 않으면 아예 다음 관문은 도전할 수조차 없다. 최고경영자들의 조언이다. 여기에서 처치란 그의 마음을 정복한다는 이야기다.

43 이종 교제를 서슴지 않는다

모든 사람들은 다른 사람들이 가지고 있지 않은
귀한 것을 지니고 있다.

---마틴 부버 유태인 종교 연구가

지금은 재계에서 은퇴, 조용히 쉬고 있는 K회장. 그는 칠순의 나이에도 젊은 후배들과 어울리길 즐긴다. 1차, 2차를 넘어 술이 거나해지자 평소 말이 없기로 유명한 그가 비로소 말문을 열고 속내를 털어놓기 시작했다.

"김 기자, 나이 든 사람이 젊은 사람들과 어울리려면 입을 다물어야 한다는데 오늘은 이렇게 말이 많군. 이렇게 은퇴하고 나서도 연부역강(年富力强)한 여러분을 만나니 참 좋군. 자기보다 20년 어린 친구를 사귀어둔 투자 덕을 지금에야 본다고나 할까. 현역은 원로의 말을 들으니 지혜를 배울 수 있고, 원로는 현역과 어울릴 수 있으니 얼마나 좋은가. 자네도 나이뿐 아니라 코드가 다른 다양한 부류의 사람들과 적극적으로 어울리게나."

'척' 하면 '착' 하고 말을 알아듣는 사람, 즉 자신과 코드가 맞는 사람과 어울리고 싶은 것은 인지상정이다. 하지만 진정으로 성공하고 싶다면 자신과 계층, 연령이 다른 사람들과 어울리며 다르게 보기를 시도해야 자극받을 수 있다. 남과 공감 스펙트럼을 넓힐 수 있을 뿐더러 동기 부여와 창의성이 증가되는 1석 3조의 효과다. 창의력은 이종집단과 교유, 다르게 보기를 할 때 비로소 발생한다.

"직위든 삶이든 능력이든 앞선 선배를 곁에 모시고 삶의 지혜를 배울 수 있으면 자연히 삶을 선행학습하게 된다네. 그들이 겪은 시행착오를 줄이고 인생의 지혜를 배울 수 있으니까 말일세. 책에서 지식을 배운다면 선배들에게선 지혜를 배울 수 있지. 그게 몇 배나 귀한 거라고 나는 생각하네. 책으로는 이해되지 않던 사실이 사람의 삶을 통해서는 분명히 와 닿게 마련이지. 나이 든 사람은 젊은 사람에게서 신선한 이야기를 들으니 그야말로 세대의 선순환이지 무엇이겠는가."

황금 어장은 난류와 한류가 만날 때 형성된다

성공한 CEO들은 위로 삶의 지혜를 배울 만한 멘토를 확보할 뿐 아니라 자신보다 아랫사람과의 교유도 적극적으로 시도한다. 자극은 앞에서 말했듯이 자기와 다른 집단을 통해 발생한다는 것을 알고 있어서다. 자극은 분발이고, 분발은 노력하도록 기를 북돋운다. 이는 개인뿐 아니라 국가 사례에서도 쉽게 찾아볼 수 있다. 멀리는 로마부터 가까이는 미국까지 이들 국가가 성공한 이유는 타 민족, 타 문화를 받아들이는 데 적극적이었기 때문이다. 이 같은 포용성 때문에 로마는 청탁을 가리지 않고 받아들인다고 해 호수 국가라고 지칭되었다고 한다.

『열두 살에 부자가 된 키라』를 쓴 독일의 백만장자 보도 섀퍼. 그가 자신의 책 홍보차 내한했을 때의 일이다. 그는 인터뷰에서 자신이 부자가 되어야 하겠다고 결심한 계기는 가난한 자와 부자의 차이를 한 번에 접할 수 있어서였다고 털어놓았다. 아버지가 아파서 병원에 입원했는데 찾아오는 환자들의 모습을 보니 가난한 자와 부자들의 모습을 한눈에 구별할 수 있더란 것. 가난한 사람들은 구두코도 뿌옇고 왠지 자신 없는 모습으로 어깨를 축 늘어뜨리고 고개를 푹 숙이고 오는 반면, 부자들은 고개를 당당히 들고 오더란 설명이었다. 보도 섀퍼는 어린 나이에도 그 같은 모습에 자극을 받아 부자가 되어야겠다고 마음먹었다는 것이다.

외국 CEO 이야기를 하나 더 소개하자. 세계 제1위 부호 빌 게이츠는 절대 1등석을 이용하지 않는다고 한다. 길거리에 1천 달러가 떨어졌어도 줍느니 걸어가는 게 차라리 이익이란 말이 나올 정도로 대부호인 그가 불편한 2, 3등석을 고집하는 이유는 무엇인가? 1등석에선 2등석, 3등석에서 얻는 것만큼의 정보를 얻지 못하기 때문이라고 한다.

창의력과 동기 부여는 자기와 다른 사람과 어울릴 때 발생한다. 그래서 'C(Creativity)=D²(Difference)'란 공식도 있다. 임원 이상 오를 이는 윗사람과 소통할 뿐 아니라 아랫사람과도 소통해야 한다. 이는 선택사양이 아니라 의무사항이다. "요즘 젊은 애들은~" 하며 후배 사원들에 대해 이유 없이 혀를 쯧쯧 차는 순간부터 당신은 뒤처지기 시작한다. 그들에게 도토리(싸이월드의 포인트)와 플라워(삼성경제연구소에서 주는 포인트)를 배우고 어울려야 한다.

CEO들은 비싼 호텔 일식집뿐 아니라 함바집에서 직원들과의 흉금을 터놓는 회식도 즐긴다. 서민으로 보이고자 하는 가식 때문이 아니다. 바로 그런 곳에서 자신에게 도움이 되는 여론을 들을 수 있다는 것을 알기 때문이다. CEO들은 유독 자신의 멘토로 스승을 꼽는 경우가 많았다. 자신보다 10년 위의 나이 많은 어른들과 살갑게 지낸 것도 한 이유였다는 게 내 판단이다.

위아래 10년 차이 나는 친구, 전혀 다른 업종의 친구들과 모임을 만들어 어울려보라. 그리고 자신의 직급과 차이가 나는 멘토로 위아래를 만들라. 그것이 당신의 성공을 향해가는 데 톡톡히 보험 노릇을 할 것이다. CEO들이 들려주는 교훈이다. 척 하면 착 하고 말을 알아듣는 코드 맞는 사람과 어울리고 싶은 유혹을 이기고 하이브리드형(이종교배) 교제를 하는 것은 종신형 보험을 일찍이 들어두는 것과 같다. 황금 어장은 난류와 한류가 만날 때 형성되지, 결코 난류와 난류, 한류와 한류가 만나는 곳에서는 형성되지 않는다.

기분 좋게 거절할 줄 안다 44

방법은 부드럽게, 일에서는 강하게.

—라틴어 속담

인터뷰는 섭외가 반이다. 기사 쓰는 것이야 기자들이 밥 먹고 하는 것이 그것이고, 내가 하는 일이니 밤새워서라도 하면 그만이다. 하지만 섭외는 상대방의 마음에 달린 것이므로 때로는 대책 없을 때가 많다. 의외로 쉽게 성사되어 이야기가 술술 풀릴 때도 있지만, 까다롭게 꼬이면서 안 풀리는 경우도 많다. 섭외했다가 거절당할 때마다 기자의 가슴엔 시퍼런 멍이 들게 마련이다.

대인관계 좋은 사람의 거절 매너

하지만 "노"를 말하면서도 상대방의 기분을 좋게 하는 노하우가 분명 있다. 여러 가지 섭외 통로가 있지만 가장 보편적인 방법은 비서실을 통하는 것이다. 비서실을 보면 안 만난 CEO라도 그의 대인관계 철학을 짐작할 수 있다.

지금까지 CEO들 섭외를 수백 차례 가까이 하면서 한 가지 규칙을 발견했다. 일반적으로 대인관계가 좋다고 알려진 CEO일수록 "No"를 분명하고도 신속히 밝히되 상대방을 기분 나쁘지 않게 하는 매너가 있다. 반면에 무대답으로 상대방의 염장을 지르게 하거나, '회장님은 늘 해외 출장 중'으로 며칠만 기다리라며 진을 빼는 경우도 있다. 연애할 때도 마찬가지지만 차는 것보다 상대를 더 힘들게 하는 것은, 줄 듯 말 듯 미련을 남기며 상대방을 지치게 하는 것이다. 자신의 상황을 솔직히 이야기하고 상대방의 양해를 구하는 게 거절에서 윈윈의 방법이다.

누구든 거절을 안 하고 살 수는 없다. 성공하기 위해선 "No"를 할 줄 아는 노하우를 아는 것은 필수다. 거절을 센스 있게 하면 상대방과의 관계가 악화되기는커녕 오히려 기분 좋은 여운까지 느끼게 할 수가 있다. 중요한 것은 "No"를 얼마나 성의 있게 하느냐다. 거절의 노하우는 연애와도 비슷하다. 자신을 짝사랑하는 사람을 떼놓을 때, 무조건 시간을 질질 끄는 것은 상대방을 위해서도 잔인한 일이다. 하지만 박절한 말로 가슴에 대못을 박으면 언제 오뉴월에 찬서리가 내릴지 모른다.

가장 나쁜 거절 태도는 핑퐁식으로 여기저기로 전화를 돌리거나, 공문을 이 부서, 저 부서에서 돌아가며 요구하는 것이다. 자신은 "No"를 이야기하기 싫으니 상대방이 알아서 지치기를 기다린다는 것으로 해석될 수밖에 없다. CEO의 경영철학이 속속들이 실현되는 회사일수록 이 같은 떠넘기기식 전화 돌리기나 함흥차사식 무응답은 없다. 내가 겪은 CEO들의 다양한 거절 습관에 대해 이야기해보겠다.

거절에 있어 가장 효과적인 것은 똑 부러지게 말하는 것이다. 다만 직설적이란 것을 태도에서 거만한 것과 착각해서는 안 된다. 단호한 거절의 뜻을 담고 있어도 부드럽게 전달했을 경우, 상대방의 마음은 한결 부드러워질 수 있다.

내가 가장 인상 깊게 기억하는 것은 (주)디자인하우스 이영혜 사장의 거절 태도였다. 섭외 후 그녀의 비서로부터 연락이 왔는데 "요즘 너무 바빠서 인터뷰를 못 하시지만 너무 죄송하다. 다음 연락을 기약한다"는 내용이었다. 상냥한 어조와 세련된 매너는 최고경영자로부터 상당히 학습한 태도였다. 그녀의 미안해하는 마음이 전해져서 결과와 상관없이 전혀 기분이 상하지 않았다. 구체적으로 다음 일정을 위해 다시 연락하는 것은 차후 문제이지만, 성의를 충분히 표했다는 점에서 점수를 높이 줄 수 있었다. 예를 들어 "이번 인터뷰는 우리 측으로서도 참 좋은 기회였는데, 아쉽네요. 다음 기회에 시간을 꼭 내보도록 하지요" 식이 그것이다. 구체적 기한을 명시하지 않았으므로 약속을 위반했다는 것에 걸릴 염려도 없다. 이쯤 이야기하면 상대방도 거절의 뜻을 눈치 챌 수 있다. CEO에게 직접 배웠든, 어깨 너머로 익혔든 CEO를 욕먹이지 않고 돋보이게 하는 태도였다.

특별한 사정이 있어 불가피하게 거절할 때, CEO들은 확실한 대안을 제시한다. 김효준 BMW 사장의 예가 그랬다. 그는 기업에서도 커뮤니케이션 짱으로 통하는 CEO다. 섭외 메일을 보냈는데 읽은 즉시, "지금 독일 어디어디에 있으며 당장은 힘들다. 인터뷰 날짜가 ○월○일인데 한국에 돌아가도 그 날짜는 출장 때문에 밀린 일을 해야 하므로 빡빡하다. ○○일~○○일 사이에는 가능하다. 그쪽에서 조정이 가능하냐"고 물어왔다. 이같이 합리적 대안을 제시하면 상대방도 처한 조건에 따라 협상이 가능하다.

심갑보 삼익THK 부회장에게 피치 못할 부탁을 드린 적이 있었다. 그분은 "내가 도와드리고 싶지만 나는 적격이 아니다. 하지만 ○○○가 그 일을 가장 잘 알고 있으니 원한다면 다리를 놓아주겠다"고 정성껏 말씀하셨다. 많은 경우 사람들은 자기가 하는 일도 꺼리지만 다른 사람을 소개해주는 일은 더욱 꺼리게 마련이다. 이처럼 성의 있는 사양은 'Yes' 보다도 더 큰 감사를 낳게 마련이다.

상황에 따라, 대상에 따라 아마 거절의 방법도 달라질 것이다. 성공하고 싶다면 상대방의 기분을 상하게 하지 않는, 아니 감동시키는 차원에 오를 수 있는 거절 방법을 익히는 게 필수다. CEO들의 성공적 거절 습관은 내용은 단호하더라도, 태도는 부드러웠다는 게 내 나름의 결론이다. 반응 속도 면에서 신속하다는 것도 빼놓을 수 없는 요소다. 자기의 시간과 자존심을 소중히 여기는 사람은 남의 시간과 일정도 같은 값으로 취급하게 되어 있다.

45

CEO의 질문하는 법

> 더 신선하고 독창적인 사고를 하기 위해, 매일 마주하는
> 상황을 좀 더 분명히 이해하기 위해 일종의 정신적이고
> 정서적인 전환점을 마련하는 유일한 방법은 질문을 하는 것이다.
>
> — 도로시 리즈 미국의 커뮤니케이션 컨설턴트

"됐거든!" 한동안 아이나 어른이나 입에 달고 다녔던 유행어다. 유행어를 보면 우리의 문화 풍속도나 동시대인의 사고방식을 읽을 수 있다. 나는 과민성 유행어 증세인지는 몰라도 "됐거든"이란 말을 들을 때마다 마음의 철문이 철컥 닫혀지는 느낌이 든다. 그래서 가슴이 답답해지곤 한다. 혹시 당신은 무의식적으로 "됐거든"을 말하며 상대방의 말문을 닫아버리거나, 질문하고 싶은 마음을 사전 검열, 억누르지는 않았는가. 하지만 우리 사회에서 성공하고 싶다면 안타깝게도 "됐거든"을 연발하기보다 늘 왜 되었는가를 물어보는 질문의 자세가 필요하다. 공을 받기보다는 던지는 사람이 수세에서 공세로 돌아설 수 있는 것과 같은 이치다.

정상의 사람들은 질문이 많다

우리 사회의 정상에 선 CEO들을 만나며 느낀 공통점 중 하나는 질문이 많다, 아니 많은 정도가 아니라 꼬리에 꼬리를 문다는 것이었다. 심지어는 질문이 직업인 나에게도 역공으로 '질문이 최대의 방어' 라도 되는 듯 여러 가지 질문의 속사포를 퍼부어 당황스런 경우가 많았다. 그들은 모르는 것을 모른다고 솔직히 고백, 체면불구하고 꼬치꼬치 물어보는 것은 물론이고 아는 것도 재차 물어보는 것이 습관화되어 있다. 마치 의사가 진찰 차트를 보고도 환자에게 다시 물어보며 증상을 재확인하는 것과 같다. 아는 것도 질문하고 모르는 것도 질문하니 그들은 늘 호기심 덩어리다. 그래서 세상은 끊임없는 관찰의 대상이고 신기한 배움의 교실이다. 또한 질문은 상대방을 무장 해제시키는 정지(整地) 작업의 역할도 톡톡히 한다.

영화 〈인 굿 컴퍼니〉는 백척간두의 위기에 처한 직장에서 살아남기 위한 노장 샐러리맨의 분투기다. 이 영화에서 질문의 힘을 여지없이 확인할 수 있는 장면이 있어 소개한다. 노련한 50대의 중역과 참신한 아이디어로 임원으로 고속 승진했다 광고영업직으로 전출된 20대 신출내기가 함께 광고 세일즈를 하러 나선다. 신출내기는 컴퓨터를 열고 자신의 잡지 콘텐츠를 자랑하며 광고를 따올 궁리를 한다. 하지만 50대의 노련한 댄 노먼은 자신의 상품부터 성급하게 팔려는 카터를 만류하며 상대방의 근황을 물어보고 맞장구를 쳐주며 슬슬 분위기를 푼 뒤에 이야기를 시작한다.

당연히 협상에서의 결과는 승리다. 만일 "나는 광고를 따러 온 사람이니 내 광고 이야기부터 들으시오" 하는 20대의 입장을 취했다면 과연 이들 팀은 광고를 따올 수 있었을까? 모르긴 몰라도, 아마 거래가 이루어지긴 힘들었을 것이다. 영화 밖이든 영화 안이든 세상의 최고경영자들은 질문을 던지는 인재를 선호하고, 그것은 위로 올라갈수록 더욱 요구되는 덕목이다. 결국 기업의 번영을 주도하는 것은 그 같은 문제의식을 가진 인재이기 때문이다.

재계의 리더로 꼽히며 CEO 대상 강연 섭외 1순위로 꼽히는 김재우 아주그룹 부회장. 나이가 예순에 가깝지만 늘 평생학습에 도전하는 분이다. 그가 박사학위를 받은 뒤 몇몇 지인들과 이태원의 마술 쇼 레스토랑에서 간단하게 축하하는 자리를 가졌다. 마침 식당에서는 카드와 동전을 활용, 외국인 마술사가 마술을 보여주는 게임이 진행되고 있었다. 임의로 상대방이 숫자와 그림이 든 카드를 고르고 그것을 마술사가 고르는 내용이었다. 나는 마술이 저런 거려니 하고 그냥저냥 넘어갔다. 그런데 그 김 부회장은 좌석을 방문한 마술사에게 질문을 꼬치고치 던지고, 또 카드를 받아 실습을 해보더니 그 마술의 속임수 내지는 비밀을 풀어내는 것이었다.

'Why'를 다섯 번 물으면 안 풀릴 문제 없다

마술 쇼와 그에 대한 장시간의 모색과 비밀찾기가 끝난 뒤, "부회장님, 마술을 그냥 즐기면 되지, 꼭 그렇게 학문처럼 알 필요가 있습니까?" 하고 질문을 던져보았다. 이에 대한 대답이 나의 머리를 때렸다.

"김 기자, 어떤 현상을 보고 질문을 던지지 않는 것은 수박을 먹을 때

껍질만 만져보고 속살을 먹어보지 않는 것과도 같습니다. 입사할 당시 저보다도 경력이 화려했던 동기들이 지금은 뒷방 신세를 지고 있는 경우도 많지요. 제가 지금도 경륜과 경력으로 인정받을 수 있는 동기는 무엇일까 스스로도 생각해봅니다. 동기 모임에 가면 그 친구들이 그래요. '너는 신입 때도 괴짜였어. 업무 실력은 논외로 하더라도 질문이 참 많았지?' 당연한 것들에 온갖 질문을 던졌다고요. 하다못해 건강 음료가 눈앞에 있어도 그걸 그냥 넘기지 않았습니다. 시쳇말로 '이것이 도대체 어디에 쓰는 물건인고', '이 음료가 요즘 유행이라는데 왜 유행일까' 를 다섯 번은 넘게 곱씹고 질문했지요.

'Why' 를 다섯 번 물어보면 안 풀릴 문제가 없다고 하지 않습니까. 신입사원 때는 물론이고 최고경영자가 되어서도 이 원리는 마찬가지입니다. 대부분의 사람들이 제품을 생산하고 판매하면서 당장 눈을 맞대고 상대하는 테이블 파트너만을 고객으로 생각하고 그들의 비위를 맞추려고 합니다. 그러나 '왜' 란 질문을 반복하며 제품을 사용하는 최후의 고객이 누구인가를 파고들어 가면 진정으로 중요한 제품의 본래 의미가 나오고 품질 개선을 어떻게 해야 할지 아이디어가 떠오릅니다. 당장 제품을 판매하는 대리점의 이야기만 들을 것이 아니라 진정으로 기업이 존재하는 의미를 찾게 됩니다. 그것은 곧 회사의 방향 설정에 반영되지요. 그것이 곧 리더십이고요.

그간 우리 기업은 산업화로 인한 압축 성장을 겪으면서, 앞서 성공한 사람들의 발자국만 뒤쫓아도 얼추 따라갈 수 있었습니다. 하지만 이제는 다릅니다. 앞이 보이지 않습니다. 각자 각개격파를 해야 하는 시점에서 우리가 길을 개척해야 할 때는 당연히 따라가야 할 길이 보이지 않습니다. 시계 제로의 길에서 올바른 방향을 설정하는 유일한 방법은 도대체 이 일을 왜 해야 하며, 누구를 위해야 하는지에 대한 질문을 던져보는 것이지요. 또한 질문은 문제에 대한 해답을 찾아가는 방식일 뿐 아니라, 조직원들과 비전을 공유하는 데 있어서 반드시 거쳐야 할 과정이기도 하지요."

질문의 힘을 강력하게 믿는다는 그는 인재 선발에서도 호기심에 눈이 빛나는 젊은이를 1등 명품 인재로 꼽는다고 밝혔다. 질문하지 않는다는 것은 생각하지 않는다는 것과 동의어로 받아들인다는 말을 덧붙이기까지 하면서.

그는 "신입사원 면접 때 공통적 문제점이 자신이 얼마나 인재인가를 설명하려 할 뿐이지, 이번에 요구되는 미션이 무엇인지를 먼저 질문하는 경우가 드물다"고 안타까움을 표했다. "조직이 요구하는 인재가 어떤 형입니까"라는 질문 하나를 던짐으로써 얼마든지 수세에서 공세로 돌아서고, 자신이 조직에 왜 필요하고 존재 가치가 있는지를 효율적으로 설명할 수 있는데도 그 쉬운 일을 하지 않는다는 것이다. 자신이 준비해온 원고만을 고장난 레코드처럼 틀어놓아봤자 상대방의 귀에는 별로 들어오지 않는다는 지적이었다.

이 같은 질문의 가공할 효력을 알면서도 우리가 질문을 일상에서 실천하기 어려운 까닭은 무엇일까? 사실은 질문이 진정으로 알기 위한 쌍방향형이라기보다는, 자기가 얼마나 잘 아는가를 주위에 과시하기 위한 일방통행형이 많기 때문일 것이다.

질문이야말로 성공 팩터(factor)

BMW코리아의 김효준 사장 역시 호기심을 CEO 팩터 1요소로 꼽았다. 그가 덕수상고를 졸업한 뒤 선택한 첫 직장이 삼보증권. 직장인으로서 첫 여름 휴가를 얻어 신입사원 김효준이 피서지로 택한 곳은 산도, 바다도 아니었다. 그간 전화로만 업무 이야기를 나누던 각 지사 사원들을 직접 만나고자 각 지사를 찾아나선 것. 시외버스는 덜덜거리고, 그나마 타이어가 펑크나 한여름 뙤약볕 길바닥에서 기다려야 하는 경우도 여러 차례. 출장이 아니니 자신의 돈을 들여 이 수고를 사서 했음은 물론이다.

"전화로만 이야기를 나누었는데 어떻게 생겼는지 직접 이야기를 나누고 싶은 호기심이 발동했어요. 만나서 이야기를 나누다보니 각 지사별 서류 양식이 다르다는 걸 알게 되었죠. 그래서 출장 후 모든 서류 양식을 통일할 것을 본사에 제안했어요."

청년 김효준은 사원, 대리, 과장, 부장 책상을 보며 늘 생각에 잠기곤 했다. 5년…… 그리고 10년이 흐른 다음엔 조금 뒷자리, 커지는 책상. 그 세월의 의미는 무엇인가? 저 자리와 이 자리의 차이는 무엇일까? 조금 더 큰 책상, 뒷자리에 가기 위해 준비해야 할 것은 무엇일까? 그러기에 직장 상사, 선배의 지루한 훈화, 지나가는 이야기 한 토막 그냥 귀로 스쳐가는 법이 없었다. 늘 '나라면 그 이야기를 어떻게 했을까, 그 상황에선 어떤 이야기를 골라서 말했을까' 가 궁금했고, 거기에 자신을 대입시켜가며 꿈을 키워나갔다.

그의 호기심은 청년 시절만의 반짝 현상이 아니다. BMW 사장 면접을 독일 프랑크푸르트에서 볼 때도 예외 없이 발휘되었다. 처음에 들러리로 생각했다가 독일 본사에서 최종 면접을 받게 된 그. 면접차 독일로 온 다른 한국 후보자들은 면접 후 모두 한국 레스토랑에 갈 것을 선택했다. 독일 본사의 임원들은 그도 역시 한국 식당을 갈 것이라 생각해서 한국 레스토랑을 예약했지만 그는 독일 정통 레스토랑을 가겠다고 주장했다.

"독일은 고사하고 유럽에 가본 것 자체가 처음이었어요. 떨어지면 다시 못 올지도 모르는데 마지막으로 독일 정통 스타일의 음식이라도 맛보고 가고 싶다고 말했지요. 독일 정통 음식이 어떤 것인지 정말 궁금했거든요. 정통 바바리안 스타일의 식사를 즐겼는데 정말 맛있었습니다."

김 사장은 호기심이란 바로 세상에 대해 열려 있는 마음가짐과 동의어라고 말한다. 그는 자신의 성공 무기 제1요소로 세상에 대한 호기심을 꼽는 데 주저하지 않는다. 호기심이 그를 깨어 있게 했고, 남보다 앞서 가는 도약대가 되게 했다. 자신과 다른 것이 거북한 것이 아니라 그것이 왜 다른지, 맞춰가려면 어떻게 해야 하는지가 선물 포장을 풀고자 하는 어린아이의 마음가짐처럼 늘 두근두근 기대에 찼다는 설명이다.

언론 홍보업체인 퍼스널미디어의 안상욱 사장. 그는 대화 도중 확인성 질문을 꼭 던지는 습관을 갖고 있다. 특이하다 싶어 이유를 물어보니 "상대방에 대한 관심을 표하는 것은 물론 대화 내용을 머리에 다시 한 번 새기게 되는 효과가 있다"고 털어놓았다.

질문과 호기심은 힘이 세다. 하수는 대화를 할 때 자기가 아는 것을 자랑하지만, 고수는 질문을 통해 자기가 알고자 하는 사실을 캐내고 새로운 것을 아는 것을 두려워하지 않는다. 그래서 하수는 대화 후에도 자신의 콘텐츠 양이 불어나지 못하고 그대로다. 반면에 고수는 대화를 나눌

수록 정보의 양이 확대, 아니 팽창된다. 혹시 가만히 있으면 중간이나 된다는 말에 갇혀 복지부동하고 있지는 않았는가. 맞다. 가만히 있으면 중간이나 갈지 모르지만 앞서 갈 수는 없다.

세상에 대한 호기심과 질문은 경쟁의 전장에서 승리하기 위해 반드시 챙겨야 할 기본 병기이다. 그래서 정상에 선 최고경영자들은 "세상에 대한 호기심과 질문이 없어지는 것은 도통한 증거가 아니라 정신적 사망선고"라고까지 말하기를 서슴지 않는다. 질문하라, 질문하라, 끊임없이 질문하라. 질문경색증에 걸리는 순간, 당신의 성공 가능성은 피돌기를 멈춘다.

인맥은 나눌수록 풍성해진다

46

좋은 사람을 만나는 것은 신이 주는 축복이다.
그 사람과의 관계를 지속시키지 않으면 축복을 저버리는 것과 같다.

— 데이비드 패커드 미국 휴렛패커드 창업자

신문에 좀 자리한다 하는 사람들의 인물평을 보면 느낀 점이 없는가? 대개 보면 누구에게나 빠지지 않고 등장하는 것이 원만한 대인관계, 마당발이다. 특유의 친화력으로…… 마당발이란 별명을 듣고 있다 등등은 인물 프로필의 관용어구 같다.

이는 일단 높은 자리에 올라 새로 일을 시작하려는 사람에게 '좋게 써주자' 는 의도도 다소 작용한다. 하지만 바꿔 말하면 폭넓은 네트워킹을 구축한 사람이 사회적으로 성공할 수 있다는 이야기도 된다. 《매경이코노미》의 최근 보도에 의하면 신임 임원들이 입을 모은 '임원 되기 10계명' 중 제1조건으로 꼽은 것도 바로 원만한 대인관계였다.

company(동료)란 빵을 함께 먹는 사이

결국 결정적 순간에는 개인 업무 능력보다 인적 네트워크를 활용하는 게 더 효과가 좋을 때가 많았다고 털어놓았다. 반대로 임원 해임의 이유 중 주요 요인으로 꼽힌 것 역시 대인관계 문제였다. 그만큼 대인관계가 성공의 열쇠로 작용하며 올라갈수록 한결 중요해진다.

조현정 비트컴퓨터 회장은 인생의 성공은 40대부터는 네트워킹 능력으로 성공이 판가름난다고 강조하기도 했다. 존 맥스웰 목사는 "누구나 성공을 꿈꾸지만 소수의 사람만이 성공한다. 이는 꿈의 사이즈가 문제가 아니라 얼마나 좋은 멤버를 자신의 팀으로 구성했느냐에 달려 있다" 고 말한다. 외국계 경영컨설팅 회사에서 파트너로 근무하는 T대표의 별명은 '340㎜ 마당발' 이다. 그에게 점심시간은 단지 식사를 하는 시간이 아니라 새로운 트렌드를 읽고 정보를 접하는, 하루 중 가장 골든아워에 해당하는 시간대다.

"company(동료)란 말은 그리스어로 com(함께)과 pany(빵)를 먹는 사이란 말이 있지 않습니까. 살아가며 같이 빵을 맛있게 먹으며 편하게 이야기를 나눌 수 있는 사람이 얼마나 있느냐가 삶의 질을 결정한다고 봅니다. 사람에게서 얻은 온기 어린 이야기는 인터넷에선 결코 얻을 수 없는 정보지요. 주변에 물어볼 사람이 많으면 많을수록 기초 공사는 튼튼해지지요. 제가 맨 처음 CEO가 되고 나서 제일 먼저 한 일도 선배 CEO를 찾아가 '도대체 CEO가 하는 일이 뭡니까' 하고 묻는 것이었답니다."

그는 인맥 하면 썩은 동아줄, 튼튼한 동아줄 찾아 이합집산하는 것부터 연상하는 통념이 안타깝다고 한다. 또한 인맥을 나중에 회사 그만두고 보험 영업이나 정수기 팔러 갈 사람 리스트 정도로 보는 것도 문제이기는 마찬가지라고 말한다. 둘 다 인맥을 자신의 활용 대상으로 파악하는 것이기 때문이다.

"진정한 인맥 부자란 기업으로 말하면 사외이사를 많이 모시듯 자신이 여러 문제를 상담할 개인이사를 모시고 있는 것이라 생각하면 될 것 같습니다. 회사에서 투명성을 높이기 위해 외부의 전문가를 위촉, 사업방향을 잡듯이 개인도 궤도 이탈하지 않고 바른 방향을 잡고 갈 수 있도록 하는 장치라고나 할까요. 기업에서와 마찬가지로 거수기 이사, 즉 예스맨으로 무조건 좋다고 하는 사람은 진정한 인맥이라 할 수 없지요."

'자신과 같이 밥 먹는 사람의 평균 연봉이 곧 자신의 미래의 연봉' 이라는 말이 있다. 근주자적 근묵자흑(近朱者赤 近墨者黑)이란 말이 있듯 자기가 어떤 사람과 어울리느냐가 중요하다는 이야기다. 기자란 직업을 가진 나 역시 많은 사람을 만나지만 한 번의 만남을 오랜 인연으로 이어가는 것은 드문 경우다. 직장생활 초기, 대학 선배가 들려준 이야기가 있다.

"기자 생활 하는 동안 수백 명, 많게는 수천 명을 만나겠지만 네가 퇴직 후 술 한잔 기울이며 편하게 나눌 사람은 얼마 안 될 거야. 만일 두세 사람만 확보하고 있어도 기자 생활은 성공한 것으로 평가할 수 있을 거야."

그때는 귓등으로 흘려들었지만 세월이 갈수록 그 말이 새록새록 실감이 난다. 과연 T씨는 어떻게 좋은 사람들을 자신의 그물에 담을 수 있었을까? 그는 "누구나 처음엔 초보 시절을 겪게 마련" 이라며 "태어날 때부터 주변머리 좋게 태어나는 사람이 얼마나 되겠느냐"고 반문했다. 대인관계 역시 학습으로서 가능하다는 것. 명석하기는 하지만 차가워 거리감이 생긴다는 주위의 지적을 듣고 안경을 우선 바꿨단다. 그리고 거울을 보며 웃는 연습을 하는 등 일단 부드러운 인상을 만들려고 노력을 기울인 게 첫 단계였다. 또 말문을 부드럽게 열기 위해 유머 프린트물도 준비했다. 유머가 이야기의 윤활유가 된다는 것은 알겠지만, 막상 말하려면 떨리고 기억이 안 나더란 것. 결국 그는 몇 개를 부채 모양으로 접어 상대방에게 건네 읽어보라고 하고는 함께 웃는 식으로 이야기를 풀어나갔다는 것이다.

총무는 모임의 알짜배기 자리

"업무 분야 세미나나 컨퍼런스는 새로운 정보를 접한다는 것뿐 아니라 인맥을 넓히기 위해서도 최적의 기회입니다. 꽤 비싼 비용을 내고 참여하는데도 흔히 회사에서 보내준다는 것 때문에 졸고 오거나 뒷자리에서 딴생각만 하고 오는 사람도 많지요. 하지만 저는 항상 개최 시간보다 일찍 가서 맨 앞자리에 앉았습니다. 또 의제를 미리 숙지하거나 강사에 대해서 연구하여 기억에 남는 질문을 던지려 애썼지요."

T씨는 "준비 단계뿐 아니라 마무리 단계 또한 중요하다"며 세미나나 컨퍼런스가 끝난 후에는 연사에게 다가가 인사하며 명함을 교환했다고 말했다. 그리고 강연에서 자신이 새로 알게 된 사실, 느낌, 감사의 내용을 담아 연사에게 24시간 내에 즉시 e메일을 보냈다는 것. 명사들은 바쁘고 무리를 상대해 누가 누구인지 잘 기억하지 못한다. 이 같은 피드백은 그

리 어려운 방법이 아닌데도 사실 많은 사람들이 실천하지 않기 때문에 효과적이었다고 했다. 쉽게 기억에 남을 수 있었고, 운 좋은 경우에는 회신 메일로 이어지고 식사까지 같이 하며 친분을 쌓게 되더란 이야기다. 사람 부자로 도가 튼 그는 설명하는 데도 도사급이었다. 경영 컨설턴트로 괜히 어려운 전문 용어를 남발할 것이라 염려한 것은 기우였다. 그는 인맥을 풀코스 정식을 먹는 것에 비유하여 기억하면 좋다고 귀띔했다. 점심을 때우기 위해 가끔 패스트푸드를 부득이 먹어야 할 때도 있지만, 인간관계는 그같이 패스트푸드 먹듯 속전속결로 결과를 보려고 하면 백전백패란 것이다.

"풀코스가 어떤 순서로 나옵니까. 애피타이지(전채요리)로 입맛을 돋우고, 메인 요리, 그 다음엔 디저트가 나오지 않습니까. 사람 관계도 마찬가지입니다. 만나러 가기 전에 미리 그와 관련된 정보를 알아보는 게 전채요리의 순서지요. 그것을 토대로 즐겁고 유익한 대화를 나누는 것이 메인 요리라면, 사후에 감사 메일을 보내는 것은 디저트입니다. 이 세 가지 과정을 거쳐야 합니다."

T대표는 자신이 가지고 다니는 노트북 컴퓨터를 열어 e메일 주소록을 보여주었다. 그의 주소록은 그룹별로 사적 인연, 공적 인연, 그리고 친밀도에 따른 등급 구분이 일목요연하게 정리되어 있었다. 그는 자신이 이 분류 등급에 따라 연락 횟수의 빈도를 달리 한다고 말했다. 등급별 모임에 따라 그는 가끔 업무 중 자투리 시간이 날 때 전화를 한다. 요즘은 새로 문자를 배워 촌철살인 유머를 이모티콘과 함께 보내기도 한다고.

"오랜만에 만날 때는 꼭 상대방의 근황을 알아보고 갑니다. 저도 들은 이야기지만 미국의 루스벨트 대통령은 누가 그의 집을 방문하겠다고 연락하게 되면, 전날 밤 그 방문객에 대한 신상명세서와 그가 좋아할 만한 주제에 대해 책을 뒤적이며 연구했다고 하더군요. 루스벨트 대통령도 그랬다는데 저 같은 보통 사람이야 한결 더 노력해야 하는 것 아니겠습니까. 유명인사라면 그분의 이름을 검색해 축하하거나 위로할 일은 없는지 챙기고, 뉴스에 나올 정도가 아닌 분이라면 주변 분에게 전화를 걸어 무슨 소식이 없는지 알아봅니다. 몇 분 걸리지 않는데 상대방과의 대화가 한결 친밀하고 나를 신뢰할 사람으로 인식시키는 데 아주 유용하답니다."

어떤 사람들은 인맥 파티에 가서 인맥을 확장하려 하기도 하고, 또 어떤 이는 명함을 많이 모아와 보았자 결국 쓰레기통행이라며 모두 부질없는 짓이라고 코웃음을 치기도 한다. 과연 인맥의 달인인 T대표는 이에 대해 어떤 생각을 갖고 있을까가 궁금했다.

"양이냐 질이냐의 말씀이군요. 저는 양과 질은 각각 x축 y축으로 중요하다고 봅니다. 일단 명함을 많이 모아와야 그 중 좋은 사람도 사귈 수 있지요. 물론 다 건질 수는 없지만 일단 호수가 커야 뜰 물도 많아지는 것 아니겠습니까."

그는 만남을 이어가기 위해선 공동 주제를 가진 사람들이 모임을 가지는 게 좋다고 귀띔했다. 흔히 한 사람을 연락해 만나는 게 더 편리할 것이라고 생각하지만 인맥만은 그렇지 않다는 것. 한 사람 모으기보다 두 사람, 세 사람 모으기가 한결 수월하더란 게 그가 장기간의 경험에서 얻은 노하우다.

"꼭 거창한 주제가 아니더라도 취미 동호회 등 모임이 있으면 정기적으로 만남이 이어지기 쉽습니다. 나는 그동안 일부러라도 총무 등 연락책을 많이 맡았습니다. 대부분 귀찮아하지만 사실은 그 자리가 알짜입니다. 구성원 각자와 고루 친해지고, 모임의 핵심부가 될 수 있거든요."

그가 점심 식사를 마치고 냅킨을 접으며 의미심장한 말을 던졌다.

"루이 16세는 프랑스의 바람둥이로 유명한 황제였답니다. 그에게 유일하게 오래도록 사랑받은 첩은 마담 퐁피두란 여자였다는군요. 별로 미모도 아닌데 궁전에서 지지 않는 해로 자리잡을 수 있었던 것은 자신만을 사랑해달라고 고집하지 않고 다른 여자를 공급하는 사랑의 메신저 역할도 했기 때문이라고 해요. 좀 이상한 비유지만, 인간관계도 이처럼 나눠야 한답니다. 좋은 사람이 있으면 좋은 사람끼리 나눠줄수록 자신의 인맥은 고갈되기는커녕 한층 풍성해지지요."

이야기를 듣다보니 다른 데서도 비슷한 이야기를 들은 적이 있는 것 같았다. 곰곰 생각해보니 바로 J사장이 "돈=피"라며 유통시켜야 썩지 않는다고 한 이야기와 상통했다. 하기는 성공에서 사람과 돈이 중요 인자란 점에서 매뉴얼 역시 비슷한 것도 무리가 아님은 당연할 것이다.

다음날, 그에게 배운 대로 24시간이 되기 전에 감사 전화를 했다. 그랬더니 그의 핸드폰에서 흘러나오는 컬러링 멘트가 또 한 번 나를 감동시켰다.

"지금 전화를 준 당신이 정말 제겐 소중한 분입니다. 제가 잠깐 딴 일을 보느라 전화를 받지 못하고 있습니다. 가능한 대로 빨리 회신 드리겠습니다."

47

CEO는 휴먼 비즈니스에 강하다

직장인의 이직은 회사를 떠나는 것이 아니라
직장 상사를 떠나는 것이다.

— 존 곤스틴 미국의 유명 컨설팅 회사인 페르소나 인터내셔널의 HR(인력관리) 전문가

중국 춘추전국 시대 때의 병법가 오기 장군과 관련해서 이런 이야기가 전해진다. 오기 장군이 위나라 장군이 되어 중산을 공격했다. 사병 가운데 악성 종기로 괴로워하는 자가 있었다. 오기가 무릎을 꿇고 종기에 입을 대고 고름을 빨아주었다. 그 이야기를 듣고 그 병사의 모친이 땅을 치며 통곡했다. 동네 사람이 그 이유를 물었다.

"장군이 당신 아들의 종기에 입을 대고 고름을 빨아주었다면 감격스러운 일이지 왜 대성통곡하는 것이오?"

그 모친이 대답하였다.

"오기장군이 그 애 아버지의 종기도 빨아준 적이 있었죠. 그 애 아버지는 그것에 감격하여 전투의 선봉에 서 전사하고 말았습니다. 그 애도 그

렇게 죽게 될 것이 뻔하니 내 어찌 대성통곡하지 않을 수 있겠습니까. 그래서 슬픈 것입니다."

병사를 감동시키면 장군은 전쟁에서 승리할 수밖에 없다. 병사들이 죽음을 두려워하지 않고 죽기 살기 식으로 싸울 것이기 때문이다.

사람의 마음을 살 줄 안다

CEO나 잘나가는 임원들에게서도 비슷한 측면을 발견할 수가 있다. 그들은 숫자라는 성과를 가지고 족치기보다는 부하를 감동시키는 방법을 안다. 상사를 감동시키는 것도 중요하지만 부하직원을 감동시키는 것은 그 몇 배나 중요하다. 그것이 선험적인 것이든 오래 조직에 생존하면서 깨친 것이든 중요한 것은 사람을 감동시킬 줄 알고, 사람에게 각별한 관심을 기울인다는 것. 용장 밑에 약졸 없다고, 조직을 감동시킬 줄 아는 CEO 밑에 농땡이 치는 부하직원은 없다. 감시의 눈길은 어떻게든 피할 수 있지만 기대에 부응하려는 자신의 마음가짐이 피할 응달은 없기 때문이다.

그러고 보니 CEO들과 식사를 같이 할 때 공통적으로 발견되는 것이 있다. 단골 식당에 갔을 경우 그곳이 허름한 곳이든 일류 식당이든 간에 여급에게들조차 관심을 표하는 인사말을 빼먹는 법이 없다는 것이다. "어이, ○양. 이번에 안경 바꿨나봐. 저번에 동그란 테보다 이번 각진 테가 더 좋은데" 등등. 그러면 식당의 종업원들은 한결같이 화들짝 놀란다. "아니, 우리 식당 동료들도 아무 말 안 하는데 어떻게 아셨어요?" 하고 묻는다. 그 결과 동치미 국물, 콩나물 무침 한 접시라도 더 푸짐하게 얻어먹는 것은 물론이다. 말 한마디로 천냥 빚을 갚는, 아니 푸짐한 반찬을 얻어

먹는 순간이다.

궁극적 원인은 사람에 대한 관심이다. 그것이 선천적이든 후천적이든 이들은 동물적으로 사람을 관찰하고, 머리에 입력하고 관심을 표하는 게 몸에 배어 있다. 그럼으로써 자신이 더 대접받고 한 단계 더 업그레이드 됨은 물론이다. 남에게 관심을 보여야 자신도 진심 어린 관심을 받을 수 있고 감동도 일으킬 수 있다.

데이콤 사장을 지내고 지금은 CEO 코치로 활동하고 있는 안종상 서울과학종합대학원 교수가 해준 다음의 말은 그 해답을 준다.

"30년간 직장생활을 하며 깨달은 게 있습니다. 사람들에겐 잡 비즈니스와 휴먼 비즈니스, 두 가지 타입이 있습니다. 잡 비즈니스는 스스로 열심히 일하며 숫자로 성과를 이루려고 하는 타입이지요. 반면에 휴먼 비즈니스 타입의 사람은 사람을 챙겨 일을 이루려는 타입입니다. 두서너 명 데리고 일할 때는 잡 비즈니스 타입이 앞설 수 있지만 그 이상의 조직으로 나갈 때는 두루 사람을 챙길 줄 아는 휴먼 비즈니스 타입의 사람이 상대적으로 성과를 내더군요. 늘 신문만 읽고 대강대강 일하며 직원들 술이나 먹자며 몰고 다니는 사람이 종일 꼼꼼히 일처리하는 사람보다 결과적으로 조직 효율이 높은 경우는 십중팔구 이 케이스입니다."

일을 먼저 중시하면 사람을 소홀히 하게 되고 결국 성과에 마이너스가 되기 쉽다. 반면에 사람을 중시하면 일은 저절로 따라오고 성과도 나게 되어 있다.

우리나라 굴지의 보험업계 상무로 일하는 G상무. 그는 눈이 약간 작고 가늘고 키도 작은 전형적 몽골리안 타입이다. 외모 면에서는 그리 호감형이 아니다. 하지만 부하직원인 이른바 보험 아줌마들에게 시쳇말로 인기 짱이다. 그 회사를 방문했을 때 G상무와 엘리베이터를 같이 탈 일이 있었다. 그때 신입 부하직원과 나누는 대화를 듣고 그 비밀을 풀 수 있었다.

"여사님 집 갑순이는 잘 있나요?"

갑순이는 그 아줌마 집 강아지 이름. 지난번 모임에서 스치듯 한 이야기를 기억하여 되물으니 감동 만리일 수밖에. 신입 보험사원이 그 이후부터 G상무를 열렬히 숭배(?)하고 영업 업무를 몸 바쳐 뛰었음은 안 보아도 알 수 있는 일이다.

내친김에 그에게 부하사원 감동 주기와 관련된 에피소드가 또 없는지 캐물어보았다. 그는 머리를 긁적이며 그런 것까지 기삿거리가 되냐며 이야기를 하나 더 해주었다. 부서 경리 여직원의 한 달에 한 번 있는 달거리 날까지 기억해 챙겨준단다. 물론 작업을 거는 느끼한 대사가 아니라 따뜻한 관심을 담은 멘트로.

"H씨, 혹시 요즘 힘든 때 아니에요? 내일은 마침 회사일 여유로울 때니 쉬지 그래요?"

이런 상사에게 심복이 될 것을 자청하지 않을 강심장 부하는 없다. 심복을 많이 두고 마음으로 충성하니 부서의 성과가 오를 것도 당연한 이치였다.

상사와 마음이 맞지 않으면 성공하기 힘들다. 하지만 부하직원들의 마음을 사는 방법을 모른다면 성공 언저리에 접근하는 것조차 불가능하다. 상사와 반목했음에도 가까스로 CEO에 오른 이는 드문 경우지만 있었다. 하지만 부하직원을 '장악' 하지 못하고서 CEO에 오른 경우는 전무했다.

부하직원을 극진히 대접, 감복시킨다, 외부 고객을 만족시키기 위해선 내부 고객인 부하직원부터 만족시켜야 한다는 것이 바로 성공 CEO의 중요한 습관이다. 그러기 위해 이들은 부하직원이 집에서 기르는 강아지 이름, 여직원의 달거리 날을 기억하기 위해 달력에 빨간 동그라미를 쳐 두는 수고도 서슴지 않는다.

뒷모습이 아름다운 사람이 되고자 한다

48

우리가 시작이라 부르는 것이 때로는 끝이 되고 끝이라고 생각할 때
시작이 이루어진다. 끝나는 곳이 바로 우리가 출발할 지점이다.
끝마무리를 잘하는 것이 새로운 시작의 터전이다.

—T.S. 엘리어트 미국 시인

회사에서 인정받는 인재가 되는 법을 '12가지 리더십' 으로 풀어놓은 바 있다. 꿈(비전) , 깡(추진력), 꼴(자신감), 꾀(지혜), 끈(일관성), 꿀(감성), 끈(네트워킹), 끌(실력), 끗(기회 포착), 끼(열정), 끝(결과), 깨(그 외 역량들)가 그것이다. 많은 사람들이 끝을 결과, 성과로 해석하지만 나는 뒷모습이라 해석한다.

끝은 끝이 아니라 새로운 시작이다. 하지만 모든 바른 소리가 그러하듯 대부분의 사람들이 알기는 하되 실천하기는 힘들다. 첫인상에는 블링크니 뭐니 해서 신경 쓰지만 정작 뒷모습에 그만큼 신경 쓰는 이는 드물다.

하지만 CEO들의 이야기를 들어보면 그들은 첫인상 못지않게 바로 끝인상을 관리하는 데 고도의 신경을 써왔음을 알 수 있었다. 산뜻한 출발

못지않게 떠나야 할 시기를 정확히 알아 베팅하는 감각은 성공한 사람들의 공통점이다. 비를 피하기 위해 처마 밑에 머물러 있지 않기 위해서는 매듭을 제때 짓고 뛰쳐나오는 용기가 필수다.

서영태 현대오일뱅크 사장 이야기를 들어보자.

"돈 한푼 없이 미국 유학을 결행했지요. 하지만 사표라는 배수진을 친 것은 내 인생 최고의 선택이었다는 생각이 들어요. 회사 지원으로 유학 온 친구들은 공부를 마친 후, 모두 돌아가야 했습니다. 저는 묶인 게 없어서 상대적으로 자유로웠거든요. 글로벌 경영을 25년간 체험할 수 있었던 첫 단추가 바로 그 같은 매듭 때문에 가능했습니다."

그는 "살면서 적절한 타이밍을 캐치하는 것이 필요하다"고 강조한다. 이 같은 타이밍 결단은 당장 개인의 욕심을 죽이는 장기적 안목에서 비롯된다.

"오비씨그램에 있을 때였어요. 부사장에서 사장 승진을 앞두고 독일인 임원과 경쟁이 붙었는데 제가 탈락했지요. 버티고 있으려면 버틸 수도 있지만, 깨끗이 사표를 냈지요. 타이밍을 안다는 것은 운세를 안다는 것이고, 운세를 안다는 것은 자신의 행동을 그 자리에 맞춰 적절하게 행동할 줄 안다는 것을 뜻합니다. 욕심을 부리면 때를 놓치기 쉽습니다. 물러나야 할 때 꼼수를 부리지 않고 물러난 게 결국은 전화위복으로 작용하고 더 큰 기회를 가져다주더군요."

뒷모습을 아름답게 만드는 데 있어서 이 같은 욕심 없는 결단 못지않게 중요한 것은 껄끄러움 없는 마무리다. 헤드헌팅업계에서는 최근 전 직장에서의 평판 등을 알아보는 크로스 체크 제도가 있다. CEO들은 제도가 시행되기 직전부터 자신의 뒷모습 관리를 해왔다는 이야기다. 뒤통수에 욕을 먹으면서 뒤꼭지 따갑게 출발하는 이는 결코 행복한 성공을 거둘 수 없고, 지속 가능한 행운을 창출할 수도 없다.

현재는 자신의 사업을 운영하고 있는 C사장. 그는 전 직장에서 권고퇴직당했다. 그와 같이 한 묶음에 직장 생명이 날아간 이들은 당연히 회사를 성토하고, 불만이 하늘을 찌를 듯했다. 하지만 C씨가 한 일은 이들과 달랐다.

우선 홍삼정 한 상자씩을 사서 회사 임원들에게 선물로 돌렸다. 아무것도 모르는 자신을 회사가 월급까지 주며 가르쳐줘서 정말 고맙다는 메시지를 담아서. 물론 임원들은 그 선물을 받고서 흐뭇하기보다는 바늘방석에 앉은 기분이었으리라.

"다른 사람들은 직장에 청춘을 바친 자신에게 겨우 이런 대접이 고작이냐고 불평하더군요. 이제 회사 쪽으로는 오줌도 누지 않겠다고 막말을 하면서요. 하지만 저는 바꾸어 생각해보았습니다. 제가 청춘을 바치며 보냈다는 것은 거꾸로 회사가 그만큼 저를 오랫동안 먹여 살렸다는 말도 되지 않겠습니까. 그런 점에서 감사를 표한다는 게 회사를 위해서뿐 아니라 저 스스로를 위해서 깔끔하고 편안한 뒷마무리가 될 것이라고 생각했습니다."

과연 그는 어떻게 되었을까. 그는 전 직장과의 따뜻한 인연을 발판으로 자신의 사업을 쉽게 시작할 수 있었다. 교육 관련 사업을 하고 있는 그는 지금도 전 직장 동료들의 도움이 큰 자산이 되고 있다고 털어놓았다.

C사장이 직장을 그만둘 당시 이 같은 복안을 염두에 두고 쇼를 한 것

은 물론 아니다. 하지만 중요한 것은 끝이 좋아야 새로운 시작도 좋을 수 있다는 것이다.

"많은 사람들이 뒤처리를 제대로 하지 않는 것은 아마도 끝은 단지 끝이라고 생각해서인 것 같습니다. 하지만 끝이야말로 새로운 시작이랍니다. 이것을 제대로 하지 않으면 화장실 갔다 오면서 밑을 제대로 닦지 않는 것과 같아요. 우리가 이사 갈 때도 생각해봅시다. 떠날지라도 집의 구석구석을 청소해놓고 가지 않습니까. 자신도 새로운 집으로 이사 갔을 때 전 주인이 그렇게 해놓아야 기분이 좋고요. 마찬가지입니다. 끝이 나쁘면 새로운 시작도 나빠집니다. 하지만 끝이 좋으면 시작도 좋습니다."

이와 함께 그가 한 일은 직장생활 중 쌓은 인맥의 사람들에게 자신이 직장을 그만두었다는 인사와 그간의 소중한 인연에 대한 감사 메일을 보낸 것이었다. 그리고 자신의 바뀐 메일 주소 등 연락 사항을 알렸다.

"애초에 사직 내용을 담은 메일을 보낼 때는 망설이기도 했었습니다. 좋은 내용도 아닌데 괜한 부담을 줄까봐요. 그런데 웬걸요. 격려 내용을 담은 따뜻한 메일과 같은 관심거리를 모색하자는 제안 등이 있어 많은 힘이 되었지요. 흔히들 잘나갈 때는 활발히 대외 활동을 벌이다 못나갈 때는 잠수함 타는 경우가 많은데, 이는 잘못 생각하는 것입니다. 모두 자신의 처지를 헤아려줄 수는 없지만 열 중 둘이라도 진정으로 관심을 표명하고 기회를 줄 수 있는 게 사람 사는 세상의 모습이랍니다."

조직에서 성공하고 싶으면 처음 모습보다 뒷모습에 배로 신경 쓰라. 성공한 CEO들은 박수칠 때 떠났다. 깔끔한 뒷마무리로 동료들에게 심적 부담을 주지 않았다. 이를 통해 자신의 기회와 경력을 확장했다.

CEO의 e메일 습관

49

e메일은 시간과 공간을 의식하지 않아도 되는 데다가 동시에
수천 명과 연락할 수 있다. 나는 e메일을 적극 활용한다.
—찰스 홀러데이 듀퐁 CEO

e메일은 현대 생활에서 필요악이다. 안 보면 보고 싶고, 보면 별 볼 일 없는데 지우랴 보내랴 시간이 훌쩍 가기 일쑤다. 어디 그뿐인가. 한참 보다 또 새 메일 왔나 체크하다보면 시간은 또 흘러간다. 과연 CEO들은 e메일을 어떻게 이용하고 있을까?

낯선 e메일도 소홀히 취급하지 말라

일반인들도 각종 쏟아지는 e메일 때문에 골머리를 앓는데 CEO는 더 말할 것이 없다. e메일 주소가 공개되지 않았는데도 각종 단체에서 보내는 정보 메일까지 치면 하루 평균 수백 통을 육박한다는 게 이들의 고백이다. 미국의 사무효율 전문가 스테파니 윈스턴이 분석한 바에 따르면 성

공한 CEO들의 행동 강령 중 하나는 비록 낯선 전화나 e메일이 오더라도 결코 소홀히 취급하지 않는다는 것이었다.

이는 내가 만나본 국내의 CEO들에게도 적용되는 e메일 에티켓이었다. 그들은 e메일을 자주 체크할 뿐 아니라 신속한 회신을 해준다. 삼성에 6시그마를 정착시킨 '한국의 잭 웰치'로 평가받는 손욱 삼성SDI 상담역. 그는 e메일을 체크한 뒤 바로 회신을 보낸다. 만일 장기 출장 등으로 e메일 체크가 늦었으면 늦은 회신을 통해서라도 그에 대해 설명하고 양해를 구한다. 만일 시간이 오래 걸릴 것 같으면 "당장은 생각이 떠오르지 않으니 나중에 e메일을 주겠다"는 등의 수신 확인 메일이라도 보내는 등 상대방을 세심하게 배려한다.

허태학 삼성석유화학 사장도 회신에 있어서는 둘째가라면 서러운 신속 대응파. 안부 메일 등 별로 내용이 없는 것일지라도 두세 줄에 간단한 근황을 담아 반드시 회신을 해준다. 그의 답장은 미국, 일본 등에서도 이루어진다. 빠른 회신이 상대방과 쌍방향 커뮤니케이션을 이끌고 관계 개선으로 이끈다는 게 그의 철학이다.

이를 통해 다시 한 번 확인할 수 있는 것은 CEO들의 시간 배치에서 커뮤니케이션에 두는 높은 비중이었다. 앞에서도 이야기했지만 이들에게 커뮤니케이션은 시간 낭비가 아니라 투자이다. 체크하는 것도 일반적으로 생각하는 바와 같이 하루에 2~3회, 시간을 블록화해 몰아서 하기보다는 수시로 하는 경우가 많았다. 이는 나중에 처리하려고 미루기보다는 그때그때 처리해버림으로써 사무를 단순화하려는 사고의 반영으로 보인다.

e메일은 간결하고 분명하게

전략 컨설턴트로 일하다 대기업의 전무로 스카우트 된 B씨. 그는 회사의 CEO와 커뮤니케이션 수단이 일치한 것을 자신의 성공 요인으로 꼽는다. 사람에겐 청각형, 시각형의 커뮤니케이션 스타일이 있는데 자신과 사장은 시각형으로 e메일을 선호했다는 것. 그는 회장이 시킨 프로젝트가 있으면 아이디어를 파워포인트로 정리하여 심야에 사장 메일로 보내놓았다. 사장은 아침에 출근하여 회의 전에 체크하고 회의 시간에는 프레젠테이션을 넘어 깊은 토의에 들어갈 수 있었다는 것이다.

"사장님이 꼼꼼하시고 몇 번씩이나 읽어보신다는 것을 알기에 오자가 없도록 몇 차례나 읽어보았지요. 신선한 아이디어를 내놓아야 함은 물론이고, 몇 개의 오탈자가 자신의 보고 전체를 성의 없어 보이게 할 수 있으니까요."

다음으로 CEO가 요구하는 것은 짧고 간략하게 한눈에 들어올 수 있도록 문서를 작성하란 것이다. 심지어 H사장은 "긴 보고서일수록 중구난방, 자기가 무슨 말을 하고 있는지 모를 때가 많다"며 "그런 메일을 읽을 때면 내가 왜 이런 것을 읽느라 시간 낭비를 해야 하나 화가 날 때도 있다"고 털어놓았다. 요점이 분명하고, 오탈자가 없도록 하며, 간략하게 작성해야 하는 것이 필수다. 간결하고 신속한 e메일, 확인 메시지는 반드시 날려주는 게 CEO들의 e메일 습관이다.

독자 · 저자 좌담회

나는 『CEO의 습관』을 이렇게 읽었다

책은 저자와 편집자가 만듭니다. 물론 독자를 최우선 순위로 두고 만듭니다. 그러나 사전에 독자 검증을 거치기는 힘듭니다. 그 대안으로 독자들과 함께 사전에 원고를 평가하는 독자 좌담회를 진행했고, 그 결과를 가감없이 책에 담았습니다. 참석하지 않은 독자들이라도 책 만드는 과정을 느낄 수 있도록 하기 위해서입니다. 또한 독자 역시 읽으면서 사전에 읽은 독자의 생각과 자신의 느낌을 비교해보는 재미도 맛본다면 저희의 '생뚱맞은' 시도가 조금은 의미 있을 것입니다.

참석자들이 부족하다고 지적한 부분들은 최종 편집 과정에서 반영했습니다. 페이퍼로드는 책 만드는 이와 읽는 이와의 생동감 있는 자리를 계속 이어갈 생각입니다. 참여해주신 분들께 다시 한 번 감사드립니다.

—편집자 주

참석자

김성회(저자)

강혁(삼성전자 책임연구원, Flash설계검증팀장)

이재필(ING 생명 FC)

박재홍(IBM 컨설턴트)

권영근(M2Net 콘텐츠기획실장)

조혜정(덕성여대 회계학과 4년, 생각발전소 웹 팀장)

최용범(사회, 페이퍼로드 대표)

사회 _ 주말인데도 귀한 시간 내주셔서 고맙습니다. 책이 나오기도 전에 파일로 보낸 원고를 정성껏 읽어주셔서 더욱 고맙습니다. 우선 자유롭게 독후 소감 얘기하면서, 좋은 점과 나쁜 점을 가감 없이 말씀해주시길 바랍니다.

박 _ 제가 먼저 말씀드리자면, 49개 꼭지 각각의 글들이 쉽고 가볍게 읽혔습니다. 느낌도 좋고 편안했습니다. 마치 허영만의 만화 『식객』을 글로 읽는다는 느낌이 들었습니다. 『식객』은 어디 어느 음식점의 맛이 어떻고 그 주인이 어떻더라 하는 게 가벼운 터치로 그려져 있어, 어느 편이고 음식 맛이 혀에 돌고 있다는 느낌이 들 정도였습니다. 『CEO의 습관』 역시 사장들의 일화들이 매편 그려져 있어 상당히 인상적이고 실감났습니다.

저자 _ 자기계발서를 평소에 많이 읽는 편인가요?

박 _ 예, 그런 편입니다.

저자 _ 그런 책과의 차별성이 있다면 어떤 것인가요? 좋은 점과 나쁜점을 구체적으로 지적해주신다면?

박 _ 요즘의 자기계발서는 메시지가 분명합니다. 『배려』 같은 경우는 '상대방을 배려해야 마음을 얻는다' 는 메시지, 『마시멜로 이야기』 같은 경우는 '잘 참고 열심히 살면 성공한다' 는 단순한 메지지를 던지고 있습니다. 독자는 읽고 나서 이런 메시지를 한가지 또는 두세 가지만 건지면 됩니다. 그에 반해 이 책의 메시지는 너무 많습니다. 정리하고 기억해야 하는 게 많다는 겁니다. 그래서 반드시 복습을 해야만 기억에 남습니다. 이런 게 단점이 아닐까 싶습니다.

사회 _ 그렇다면 기억나는 메시지 하나 정도도 없나요?

박 _ 아닙니다. 우선 한 가지 기억나는 것은 목표를 설정하고 가는 게 맞느냐, 지금 자신에게 주어진 일부터 집중해야 하느냐는 내용을 다룬 꼭지입니다. 호랑이처럼 큰 목표를 설정하고 뚜벅뚜벅 가야 하나, 주어진 현재 위치에서 자신에게 맡겨진 일부터 집중해야 하느냐는 제게 정말 헷갈리는 문제였습니다. 그런데 저자가 한 가지 명확한 답을 주지 않아 답답했습니다. 제 경우는 장기적 목표를 잡고 거기에 집중하는 것보다 현재 자신의 위치에서 한 단계 한 단계 올라가는 게 현실적인 비전 달성을 위한 실행 전략이라고 생각합니다. 이런 말이 있습니다.

'최고라서 최선을 다한 게 아니고, 성공했다고 성장한 것을 말하는 것은 아니다.'

책을 선택하고 읽는 독자들은 저자의 논리와 근거를 통해 본인의 입맛에 맞는 것만을 취사선택하게 되거든요. 그런 점에서 분명한 선택이 필요할 듯합니다.

권 _ 무거운 주제인 것 같은데 편하게 쓰신 것 같습니다. 쉽고 재미있게 읽으면서 많은 것을 생각하게 됐습니다. 『CEO의 습관』이라고 하니까 CEO에게만 해당되는 줄 알았는데 CEO가 되고 싶은 이에게도 적용되는 말이군요. 내용은 평사원이나 대리들도 읽고 새길 내용이 많습니다. 독자들은 제목부터 보게 됩니다.

사회 _ 좋은 제목을 주시길 바랍니다(그러나 아쉽게도 이 자리에서도, 다른 자리에서도 『CEO의 습관』을 대체할 제목을 찾지 못했다. 제목에서 언제나 갈등하는 편집자의 숙명!!).

이 _ 저도 쉽게 읽을 수 있었습니다. 프린트를 하지 않고 모니터 상으로도 쉽게 읽었습니다. 그런데 이 책의 제목처럼 'CEO의 습관' 만 계속 나열되어 있어서 하나하나 좋은 이야기이지만, 읽다가 보면 앞의 내용을 잊어버리기도 하고 가슴에 전달되었던 감동들이 사라지기도 합니다. 자기 관리, 시간 관리, 목표 달성, 대인관계 등으로 범주를 나누어서 묶는 것도 좋을 듯합니다(이 지적에 공감해 구성에 반영했다–편집자 주).

두 번째로, 좀 궁금한 사항인데 만나보셨던 모든 CEO가 이 책에 나와 있는 분들처럼 다 이렇게 훌륭한가요? 많은 분들을 만나보셨을 텐데요?

저자 _ 좋은 CEO만 선정하려고 했습니다. 월급쟁이도 정말 열심히 일하는 사람은 20% 정도고 60%는 월급만큼 일하고, 어떤 20%는 농땡이치기도 하지 않습니까. CEO도 마찬가지 아닐까요. 고민되는 문제였습니다. 지금 우리 사회에서 CEO를 역할모델로 하자는 추세인데도, 대다수 시각은 정치자금 문제에서 자유로운 CEO가 과연 얼마만큼 있는가 하는 식입니다. 평판 좋은 CEO 중심으로 하고자 했습니다. 규모가 큰 회사의 CEO만이 아니라 작더라도 평판 좋은 CEO의 사례를 많이 담으려 했습니다. 또 물려받은 CEO보다 자수성가한 CEO 중심으로 이야기를 풀어가려 했습니다.

이_그럼 믿어도 되겠네요(일동 웃음). 저는 책 한 권 읽어서 좋은 생각, 좋은 느낌 하나라도 얻으면 좋다고 생각하는데, 이 책에 나오는 '삶의 CEO'란 표현이 개인적으로 좋았습니다. 큰 기업이나 큰 조직의 CEO도 있지만 이 책의 독자들 중 대부분은 자기 삶의 진정한 주인으로서 '삶의 CEO'가 되고 싶을 것입니다. 책을 읽는 모든 사람에게 기업의 CEO가 되기 위해서 갖추어야 할 바를 CEO의 습관을 통해서 나타내는 게 목적이 아니라면, 저자가 이야기하고 싶은 것이 더 분명히 제시되었으면 합니다. CEO의 습관만 나열하는 게 아니라 그런 삶의 원칙과 습관이 중심 메시지로 제시된 부분이 더 오래 남기도 하고요. 물론 그냥 CEO의 습관만 나열되었다는 건 아닙니다.

조_저는 원고의 앞부분보다 뒷부분이 더 좋았습니다. 세상은 사람이 중요하고, 그런 사람과의 관계가 중요하다고 생각해 뒷부분부터 읽었습니다. 그래도 읽는 데 무리가 없었습니다.

구어체로 표현돼 읽기에도 편하고 애들에게 얘기하는 것 같아 친숙했습니다. CEO가 되길 원하는 사람이나, CEO를 대하는 사람이 읽어도 좋을 것 같아요.

또 가르치려 들기보다는 담담하게 정보와 지식을 제공해주는 책이라 부담이 없었습니다. 어떤 책들을 보면 너무 가르치려 해서 불편했는데 이 책은 가르쳐주기보다는 스스로 읽고 깨달음을 얻게 만듭니다.

책 내용 중에서 '거절을 두려워하지 않는다'는 꼭지가 있는데 개인적으로 이와 관련된 경험이 있습니다. 남자친구가 일주일도 안 돼 절 좋아한다고 했을 때…… 남자친구가 혹시 맘이 바뀌면 어쩔까 해서 양다리를 걸친 적이 있어요(일동, 와!!). 그러다 걸렸는데 다행히 남친이 용서해주긴 했어요. 사랑에도 적용하면 어떨까 했었는데 경영에만 적용해야지, 사랑에는 적용하면 절대 안 될 것 같아요. 사랑까지 놓치게 되겠어요.

박 _ 사고 방지용으로 그 꼭지 밑에 '사랑에는 함부로 적용하지 마세요' 란 경고 문구를 써놓아야겠네요(일동 웃음).

조 _ 책 내용 중에 CEO들은 사소한 약속이라도 꼭 지키려고 "언제 한번 식사하죠" 란 말에도 정색하고, 시간 내기 힘들면 힘들다고 말한다는 대목이 있는데, 이럴 필요까지 있을까 싶어요. 높은 사람이 그렇게 정색하면 연락 한번 하기 힘들잖아요. 정말 암기하고 익히고 싶은 내용이 많고, 뒷장까지 재미있게 읽을 수 있는 책인 것 같아요.

사회 _ CEO를 지향하는 학생이라 그런지 제일 CEO다운 평을 하는 것 같습니다.

강 _ 사실 저는 'CEO' 에 대해선 별로 관심이 없었습니다. 단지 내가 소속되어 있는 부서나 팀의 리더로서 부하직원들을 어떻게 아우르고 이끌어갈 것인가, 이런 부분에 주안점을 두고 읽기 시작했습니다. CEO라는 용어 자체가 제게는 다소 부담스럽게 받아들여졌기 때문입니다. 오히려 '리더의 습관' , 이런 정도의 제목이었다면 개인적으론 더 편하게 읽었을지 모릅니다. 그러나 전체적으로 읽어 내려가다보니 초기의 문제 의식을 해결하는 데는 큰 무리가 없었습니다. 이 책에는 여러 CEO의 다양한 습관이 소개되어 있습니다. 하지만 이 모든 사람들의 습관들을 배울 수는 없을 것입니다. 제가 이런저런 고민에 빠져 있다고 가정하면서 나름대로의 대응 방법을 비교해보고, '아! 이런 게 나의 단점이었구나,

이건 나도 배워야겠다', 주로 이런 식으로 '생각거리'를 살려나가면서 읽게 되었습니다. 그럼에도 불구하고 사실 30% 정도는 끝내 동의하기 힘들었습니다. 아무리 성공한 CEO의 습관이라고는 해도 제 상식선 밖에 있는 내용이었기 때문이지요. 제 삶의 방식이나 세상을 보는 눈이 그 CEO와 완전히 같을 수는 없는 거 아니겠어요? 혹자는 그 사람의 바로 그런 점 때문에 지금 저 같은 보통 사람보다 훨씬 훌륭하게 되었을 수 있다고 주장할지 모르겠습니다. 그러나 저는 이런 습관과 특성을 가졌다고 해서 반드시 CEO에 오른 것은 아니라고 봅니다. 더 훌륭한데도 오르지 못한 경우도 있을 것이라는 이야기지요. 요컨대 충분조건은 되지만 필요조건은 아니라는 말입니다. 그래서 저는 그런 성공적인 사례를 통해 과연 내가 배울 만한 점은 무엇인가를 찾아내고 싶었을 뿐입니다. 대체적으로 70%의 내용은 제게 신선한 감동으로 다가오더군요.

사회_상당히 복합적인 감정을 가지고 읽으셨는데, 공감되는 70%는 뭐던가요?

강_솔직히 이 책을 읽으면서 오랫동안 묵혀져 있던 스트레스가 일순간에 풀렸습니다. 원고 중에 '스트레스'에 관한 꼭지가 있는데…… 그 부분을 읽으면서 스트레스를 받아들이는 나의 자세에 대해 다시 한 번 생각하게 되었습니다. 문제는 스트레스 자체에 있었던 것이 아니라 그것을 대하는 저 자신에게 있었던 것이지요. 이를테면, 내가 지금 느끼는 스트레스를 잘못 받아들이고 있구나 하는 것이지요. 나 자신에게 하고 싶은 말, 함께 일하는 직장 동료들에게 전해주고 싶은 좋은 이야기가 많이 나옵니다. 그러면서도 저자가 독자에게 '당신은 이러이러해야 한다'고 강요하는 부분은 없었습니다. 사실 이런 접근 방식이 맘에 들었습니다. 전달하고자 하는 핵심 내용은 이미 CEO의 입을 통해 표현되었고, 적절한 일화 등을 통해 자기화(自己化)의 중요성을 체득하게 하고 있는 것입니다. 제 또래의 경우, 평소 생각하는 거나 들어서 아는 것은 많은 세대입니다. 하지만 체화(體化)가 부족해서 실천으로 이어지지 않거나 어설픈 몸짓에 머무는 경우가 많습니다. 하나 둘씩 좋은 습관을 따라 하면서, 이 습관보다 더 나은 것을 체화시켜서 내 몸에 익힌다면, 자기만의 스타일을 만들 수 있을 것이란 생각이 듭니다. 자기만의 스타일이란 스스로를 장악하는 리더의 기본 요건이 아니겠습니까? 그런 의미에서 제가 앞서 말씀드린 70%의 의미는 구체적인 사례의 개수가 아니고, 제가 앞으로 어떤 스타일의 표상을 세운다고 할 때 영향을 받게 될 정도의 추상적인 표현입니다.

저는 이런 자기계발서를 즐겨 읽는 편도 아니었고, 그래서 항상 부족하고 무엇인가가 어설펐습니다. 다행히 이런 기회를 통해 현재의 제 위치를 점검할 수 있어서 저자분께 대단히 고마운 생각을 가지고 있습니다. '나의 무지와 무자각을 깨게 하는구나', '사람들을 어떻게 대해야 하는구나', '내가 스스로 변하지 않으면 안되겠구나' 등등이 책을 읽으면서 꽤 많은 고민의 시간을 가지게 되었습니다. 그래서인지 이 책을 읽으면서 풀렸던 스트레스는 어느 순간에 도달하게 되면 새로운 스트레스로 다시 태어나게 됩니다. 앞으로 살아가면서 풀어야 할 과제가 조금씩 눈에 보이기 때문에 쌓이는 스트레스인 셈이죠. 과거의 스트레스를 네거티브라고 한다면 지금의 스트레스는 포지티브라고 구분하고 싶어요. 이 책을 선물이야 받겠지만 저는 대가를 지불하고 사서 자기화를 이루고 체화될 때까지 수시로 펼쳐볼 겁니다. 『CEO의 습관』, 제 삶의 분명한 터닝 포인트가 될 것이라고 굳게 믿고 있습니다.

사회 _ 꼭 사서 보십시오. ㅎㅎㅎ(일동 웃음)

저자 _ 과찬의 말씀이라 너무 무안하고 쑥스럽습니다. 한계를 지적해주신 부분들 모두 가슴에 와 닿고요.

권 _ 저는 49개의 꼭지 중 '자기암시' 부분이 인상에 남습니다. 사업을 시작하다보니 성공할 것이란 자기암시를 매일 하게 됩니다. 이런 메시지들이 일화와 함께 읽으니 가슴속에 한 줄로 남게 되네요.

박 _ 하나의 메시지로 집약되어 있지 않지만 읽는 독자의 입장에 따라선 저마다 남는 게 다를 것 같습니다.

저자 _ 읽다보면 비슷한 얘기가 중복되는 느낌이 드는 게 있을 것 같습니다. 저도 그렇습니다. '하는 이야기는 다른데 왜 그럴까?' 하고 생각해보니 CEO들을 만날 때마다 그들이 공통적으로 강조하는 키워드 세 가지가 있었던 것이 원인이 아닐까 합니다. 바로 고객, 준비, 열정이란 키워드입니다. 이 키워드를 중심으로 여러 갈래로 이야기가 갈라지고 있습니다.

회사도 그렇고 CEO도 그렇고 "당신의 고객은 누구입니까?" 하고 물을 때 답이 즉각적으로 나오는 사람들은 대부분 성공하더군요. 그런데 같은 질문을 던졌을 때 "뭐, 넓게 이야기해서……" 하면서 긁적이는 사람이나 회사는 대부분 개념을 못 잡고 있습니다.

저, 그런데 최 대표께서는 고객을 누구라고 생각합니까?

사회 _ '넓게 생각해서……' 개념을 못잡고 있습니다(일동 웃음). 사실, 저는 우선 저와 같이 일하는 친구들이 최고의 고객이라고 생각합니다.

조 _ 한 우물을 파라고 했는데 그렇지 않은 사례가 많습니다. 서두칠 부회장도 그런 것 같습니다. 여러 회사의 CEO를 하셨잖아요.

저자 _ 우선은 한 우물을 제대로 판 뒤 여러 우물을 파는 게 좋을 것 같다는 의미에서 쓴 것입니다. 공부도 마찬가지라고 생각해요. 영어 공부를 시작한 지 얼마 안 되어 중학교 수준에 이르렀을 뿐인데 성급하게 중국어 공부로 옮기면 성과가 나질 않죠. 물론 송승환 대표는 사람이 '자장면만 먹을 수 있나, 짬뽕도 먹을 수 있지' 라는 식으로 여러 일을 하는 것의 필요성을 얘기하긴 합니다. 그러나 송승환 대표도 연기로 기반을 닦았기 때문에 공연 기획도 하고, 마케팅, 방송 등으로 영역을 넓혀갈 수 있었습니다. 한 분야에서 입지를 닦은 뒤 다른 분야로 진출해야 한다는 의미죠. 줄기를 세운 뒤에야 가지가 뻗어나가지 않을까요.

박 _ 그런데 요즘은 커리어 관리에서 직장을 많이 옮겨서 연봉을 뻥튀기하는 게 추세라고 합니다. 저야 돌쇠 스타일이라 한 곳에 오래 눌러앉아 있다 근래에 옮겼지만 말입니다.

저자 _ 물론 옮기면서 연봉이 올라가기 때문에 직장을 자주 옮기는 게 유리하다고는 합니다. 그러나 헤드헌터들은 한 직장에서 최소 3년은 있어야 평판을 좋게 받는다고 말합니다. 직장에서 한 직원을 교육하기 위해 드는 비용이 적지 않은데 금방 옮기는 사람은 그만큼 이기적인 사람이라 평가돼 나중에는 입지가 좁아진다고 하더군요. 또 너무 많이 옮기는 사람은 직장 내에서 문제가 많다는 평가를 듣기도 하더군요.

사회 _ 장시간 좋은 말씀 많이 들었습니다. 감사합니다. 끝으로 저자의 변을 듣고 자리를 마치겠습니다.

저자 _ 제가 생각하기에 CEO들은 대단한 성과를 남긴 사람들입니다. 대다수 CEO들은 현대사회의 영웅이라고 생각합니다. '자기암시' 를 다룬 꼭지에서도 말했지만 자기 마음도 맘대로 못하는 게 인지상정 아닙니까. 그런데 CEO들은 작은 기업이든 큰 기업이든 수백, 수천 명의 사람들을 한 방향으로 움직여 성과라는 걸 내야 합니다. 물론 그 과정에서 권위적이고 독재적인 리더십이든, 너도 좋고 나도 좋다 식의 유화적인 리더십이든, 그 뭔가를 발휘해 성과를 내야 합니다. 그런데 그 업적을 내기 위해서는 남의 마음을 움직이는 그 무언가가 있어야 합니다. 그들에게 배울 점은 무엇인가를 생각하며 이 책을 썼습니다. 쓴소리를 각오하고 이 자리에 나왔는데, 격려의 말씀이 더 나와 열심히 해야겠다는 각오를 다지게 됩니다. 마음속에 쓴소리가 더 남아야 되는데 따뜻한 말만 남아 걱정입니다. 감사합니다.

지은이 **김성회**

연세대학교와 동 대학원에서 국문학을 공부했으며 현재는 서울과학종합대학원에서 경영학 박사과정을 밟고 있다. 15년간 《세계일보》, 《전교학신문》에서 자기계발·인물 인터뷰 전문 기자로 재직했다. 현재 CEO 전문 인터뷰어와 작가로 활동중이다.

전자우편_blizzard88@hanmail.net
블로그_http://blog.naver.com/blizzard88

CEO의 습관

1판 1쇄 발행 2006년 7월 10일
1판 12쇄 발행 2010년 12월 30일

지은이 | 김성회
펴낸이 | 최용범
펴낸곳 | 도서출판 페이퍼로드

주 소 | 서울시 마포구 연남동 563-10 2층
전 화 | 326-0328, 6387-2341
팩 스 | 335-0334
이 메 일 | book@paperroad.net
홈페이지 | www.paperroad.net
커뮤니티 | blog.naver.com/paperoad
출판등록 | 2002년 8월 7일(제 10-2427호)

*파손된 책은 교환해 드립니다.